流浪在神州邊陲的詩魂

台灣新詩人詩刊詩社

陳 福 成 著

文 學 叢 刊
文史哲出版社印行

國家圖書館出版品預行編目資料

流浪在神州邊陲的詩魂：台灣新詩人詩刊詩社 / 陳福成著. -- 初版 -- 臺北市：文史哲出版社, 民 111.02
頁; 公分 --（文學叢刊；454）
ISBN 978-986-314-591-2（平裝）

1.CST：新詩 2.CST：詩評

863.21 111001891

文 學 叢 刊 454

流浪在神州邊陲的詩魂

台灣新詩人詩刊詩社

著 者：陳 福 成
出 版 者：文 史 哲 出 版 社
http:// www.lapen.com.tw
e-mail：lapen@ms74.hinet.net
登記證字號：行政院新聞局版臺業字五三三七號
發 行 人：彭 正 雄
發 行 所：文 史 哲 出 版 社
印 刷 者：文 史 哲 出 版 社
臺北市羅斯福路一段七十二巷四號
郵政劃撥帳號：一六一八〇一七五
電話886-2-23511028 · 傳真886-2-23965656

定價新臺幣四二〇元

二〇二二年（民一一一年）二月初版

ISBN 978-986-314-591-2 10454

序：流浪在神州邊陲的詩魂
——台灣新詩人詩刊詩社

生活的目的在把時間花掉
生命的價值在把銀子花掉

自從一九九九年（民88），從台灣大學退休，突然發現全天全月整年的時間都歸我所用，一時真不知如何花用。我對社交應酬和旅遊都沒有興趣，只保留幾個死黨好友的小圈圈，定期聚會，不是應酬，是志同道合者的一口「黃昏暖爐」。

幸好，我很快悟出「**生活的目的在把時間花掉**、**生命的價值在把銀子花掉**」。每天除了運動休閒，每月除了死黨老友相聚取暖，主要時間都用來寫作。從退休至今，竟已寫完並出版第一百五十幾本，不可思議！我太佩服自己了！等於平均每年出版六本以上，真是我人生最大的意外吧！身為一個職業軍人！

時間被我用這種方式「殺掉了」，生命的價值乃顯現，否則腿一蹬眼一閉，隨業流轉而去，不知這人生是過了還是沒過？尤其最近體檢發現「攝護腺癌指數」超高，正常為5，我是19，醫生要「切片」檢查。這害我這幾天心情有些沉重！看來人生有一場「意外的戰爭」要開打了，軍人不能怕打仗！

幸好經過一陣不安，確定良性，其他就定期追蹤，我又打起精神，持續我的正常生活，專心寫作。唯一可以充實人生旅程，並提昇生命的價值，似乎只剩寫作了。看著自己出版的一百多本書，能典藏在中國（含台灣）數百圖書館，購買的兩岸甚至海外讀者也不少，我的寫作動力又有了！

本書針對「流浪在神州邊陲」的台灣地區詩魂——台灣新詩人詩社詩刊，做一簡略介紹。有《華文現代詩》、《創世紀》、《海星》、《薪火》、《詩潮》、《乾坤》、《人間魚》、《笠》、《大海洋》、《台客》等十個詩社詩刊。

當然，台灣地區詩刊詩社還有，如《葡萄園》、《秋水》、《藍星》……將持續索尋文本，介紹給兩岸中國詩壇的詩人們觀賞。

台北公館蟾蜍山　萬盛草堂主人**陳福成**誌於

佛曆二五六五年　公元二〇二二年　元月一日

流浪在神州邊陲的詩魂
——台灣新詩人詩刊詩社

目次

序：流浪在神州邊陲的詩魂
——台灣新詩人詩刊詩社……一
第一篇《華文現代詩》季刊……七
彭　莊……八
鄭雅文……一三
林錫嘉……一八
曾美霞……二三
許其正……二八
莫　渝……三四
陳寧貴……四〇
劉正偉……四四
落　蒂……四八
陳福成……五五
第二篇《創世紀》詩雜誌……五九
洛　夫……六一
張　默……六七
辛　鬱……七一
碧　果……七五
汪啟疆……八〇
丁文智……八五
辛　牧……八九
李進文……九三
龔　華……九七
紫　鵑……一〇一
古　月……一〇五
張　堃……一一一

第三篇《海星》詩刊……一一五
莫　云……一一六
辛　勤……一二〇
馬玉紅……一二一
也　思……一二四
吳翔逸……一二七
陳子雅……一二九
知　秋……一三〇
謝宛倩……一三三
古月月……一三七
第四篇《薪火》詩社……一四一
方飛白……一四二
顏艾琳……一四五
鄧秋彥……一四九
林群盛……一五二
紫　雲……一五六
張　璇……一六〇
第五篇《詩潮》社……一六三
丁　潁……一六四
高　準……一六六
亞　嫩……一七〇
吳明興……一七四
黃光曙……一七七
彥一狐……一八〇
詹　澈……一八四
第六篇《乾坤》詩刊……一八九
葉　莎……一九〇
林煥彰……一九二
靈　歌……一九五
曾　念……一九七
吳東晟……一九九
王　婷……二〇二
徐世澤……二〇四
王紅林……二〇五
曾美玲……二〇九
劉梅玉……二一一

第七篇《人間魚》詩社……二一五
郭瀅瀅……二一六
冷 嵐……二一九
石秀淨名……二二一
日 晁……二二五
流 雨……二二九
蕭 靈……二三二
第八篇《笠》詩刊……二三五
李昌憲……二三六
林 鷺……二三九
陳明克……二四三
蔡榮勇……二四七
莫 渝……二五〇
利玉芳……二五三
吳俊賢……二五四
林偉雄……二五七
陳秀珍……二六一
第九篇《大海洋》詩雜誌……二六五
藍海萍……二六六
沙 白……二七〇
張忠進……二七三
蔡清波……二七七
陳佳珍……二八〇
蔡富澧……二八四
朱學恕……二八六
李優虎……二八八
唐聖揚……二九一
第十篇《台客》詩刊……二九五
劉正偉……二九六
邱逸華……二九七
曾耀德……三〇〇
洪錦坤……三〇二
丁 口……三〇四
陳寧貴……三〇七
吳錡亮……三〇九

第一篇《華文現代詩》季刊

《華文現代詩》季刊，是曾美霞、楊顯榮（落蒂）、劉正偉、許其正、莫渝、陳寧貴、鄭雅文、彭正雄、林錫嘉和筆者十位文友，於二〇一四年創刊，同年五月創刊號出版。

本刊由彭正雄任發行人，鄭雅文為社長，林錫嘉任總編輯。惟實際上的出版、聯繫、郵務、編務、行政等工作，絕大部份由彭正雄先生承擔。十位創刊文友中，楊顯榮從第七期（含）退出。

本刊出刊到二十四期（二〇二〇年二月），正式公告停刊，只維持六年的詩刊。筆者統計這六年時間內，有四類作者：(一)一般現代詩（成人）、(二)童詩青少年詩、(三)少數民族詩、(四)盲胞身障詩。共有近千詩人在本刊發表作品。

筆者曾為本刊九人各寫一本《點將錄》及《華文現代詩三百家》，此十冊均由彭正雄先生贊助出版經費。還有本刊共發行二十四期，每期約須五萬多元，總共彭先生為本刊花費至少二百萬以上，功德無量！

彭　莊

彭　莊，原名彭正雄，是著名現代兩岸的出版家，一生以宏揚中華文化，出版中華文化相關書籍，積極促進兩岸出版交流。有關他一生春秋事業及創辦文史哲出版社詳情，可見筆者為他寫的回憶錄體《舉起文化出版的使命——彭正雄文史哲出版交流一甲子》一書。（註一）

彭　莊（彭正雄）是一個出版家，半個多世紀以來，以一個家庭企業的小規模，出版品達到近四千種，相當於一個集團的出版量。此外，他也喜歡舞文弄墨，附於風雅，閒來寫詩付於《華文現代詩》，以增加詩刊重量，賞讀〈詩國大業〉。（註二）

出版詩刊者寫詩乎
創造一個詩理想國
在這國度生蛋蛋
猶如我的生命
付出畢生心力
春秋大業於焉實現

詩園地　詩版圖
以詩為友　為師為親人
八秩志工　又是美編工
刊在詩史的時空裡
我們的大業不是微塵
耄耋詩人
與天地同壽

二〇一九・十二・二十五

這首詩彰顯彭先生對文化、詩文學的使命，不論身為出版人或詩人，使命感是無差別的。相信這也是他以宏揚中華文化自許的動力，把出版中國經典古籍視為春秋大業，可敬可佩！賞讀〈迷戀威士忌的方式〉。（註三）

迷戀威士忌
用最單純的方式把瓶塞丟掉

如同買一張單程車票
回不去了，才能盡情享用
毫不保留，才能淋漓暢快

換一種表情
換一種態度
換一種姿勢
就站上制高點

深色厚實的瓷器杯子
鎖住威士忌的果香與麥芽香
玻璃水晶的透明杯子
散發威士忌的花香與日光香
聞香，試味，品酒
芬芳在鼻中瀰漫
醇郁在口中迴旋
滿足在心中綻放

不要乾杯
釀酒人的溫柔值得你慢慢回味
不要乾杯
飲酒人才能從容優雅貫穿古今

迷戀威士忌
可以用最簡單的方式
也可以試著改變態度

明說飲酒哲學，弦外有音，第一段形容是「單程車票」，即人生旅程，因為單程才顯得可貴，大家才會珍惜。用這種心情珍惜一切物資。

第二段暗示「態度」就是「高度」，這是職場上很經典的話術，現實人生也是，包含喝酒，要從容優雅。人生旅程要慢行，不要一下「乾杯」就走到底。

喝酒是現代社會交際應酬的藝術，是哲學，更是文學。相信這也是彭先生的人生哲學，優雅而單純，自然就站上了人生最高點。

註　釋

註一　陳福成，《舉起文化出版的使命──彭正雄文史哲出版交流一甲子》（台北：文史哲出版社，二〇一八年八月）。

註二　彭莊，〈詩國大業〉，《華文現代詩》第二十四期（台北：文史哲出版社，二〇二〇年二月），頁一五九。

註三　彭莊，〈迷戀威士忌的方式〉，《華文現代詩》第十二期（台北：文史哲出版社，二〇一七年二月），頁一四〇。

鄭雅文

《華文現代詩》雜誌社長、台北崇她社社長，熱心公益，也是本刊主要贊助人之一。記得二〇一四年時，我主編《台灣大學退休人員聯誼會會訊》，欲出版並贈會員，須要一筆錢，向鄭小姐「化緣」。她二話不說，從皮包拿出兩萬，贊助出版經費。（註一）

鄭雅文小姐也熱心公益，出錢出力，這是她的好，一個「行俠仗義」的現代女性。對於她的幫助，筆者總是銘記於心。賞讀她的詩，〈春之頌〉。（註二）

晨曦迎春喜洋洋
遠山翠嶺笑寒霜
滿園吸晴獻嬌艷
微風展艷枝枝羞

飄雲朵朵含亦韻
墨客多情又傾心

綿綿延年年問春
天光雲影﨟雀躍

人間的景緻如畫
吉祥如意常相伴
無憂歲月延年長
舌尖咀嚼菜根香

即禮贊春天，也是很有禪意的詩，顯示詩人的生活態度，乃至修行高度。有人問禪師「要怎樣修行？」禪師說：「不外就是吃飯睡覺吧！」

問者說：「我們也是吃飯睡覺，不是修行嗎？」禪師說：「你們睡不安穩，心中有事；你們吃飯挑瘦撿肥，我吃飯菜根都是香的，同是吃飯睡覺，境界大不同！」

詩人心中有春天，便是四季如春，生活自在簡約，咀嚼菜根亦香。看來鄭小姐雖入紅塵做公益，卻能心不染塵，有一顆自在的心，這就是人生的境界啊！賞讀〈童貞遠離〉。（註三）

喜歡下雨的清晨
淅瀝淅瀝的雨聲
似天籟般的跫音

讓我回憶起清晨……
那個趴在窗前的小女生

烏溜溜的大眼睛
望著灰白的天幕

心想，怎麼會有……
那麼多的水灑下來

多少年後
小女生長大了
也來到了不惑之年

看到天空
直落下來的雨
也不再問為什麼
會有那麼多水灑下來呢！

難道是……
童貞已經遠去了!!

二〇一五・九・十七
華文現代詩刊園丁 Angela Cheng

人生是一張單程車票，坐的也是一班單程列車，都是「有去無回」。童年↓少年↓青年↓中年……一直向前行行駛，距離「終點站」，只會更近，再近、近……

童貞（真）通常也隨歲月流逝而減少，因為環境是現實的。童年對自然現象因無知而好奇，長大了，因知識成長而失好奇！這便是成長的過程。

註釋

註一　陳福成主編，《台灣大學退休人員聯誼會會訊》（台北：文史哲出版社，二〇一四年六月），詳見首頁「贊助人名單」。

註二　鄭雅文，〈春之頌〉，《華文現代詩》第十三期（台北：文史哲出版社，二〇一七年五月），頁九一。

註三　鄭雅文，〈童貞遠離〉，《華文現代詩》第七期（台北：文史哲出版社，二〇一五年十一月），頁一一七。

林錫嘉

欲知林錫嘉生命歷程與文學風華，可詳見《林錫嘉現代詩賞析》。（註一）該書對這位著名詩人，半個多世紀的文學風彩，有詳盡而要略之論述。

簡言之，林錫是台灣地區走紅數十年的「國軍散文隊長」，可謂是詩、散文、散文詩之三棲名作家，尤其善長短詩。惟，據聞，近十年來，他登上了人生另一塊更高、更有價值的高地，親近佛法。本文欣賞幾首他發表在《華文現代詩》的短詩，〈即使一樹櫻花粉紅〉。（註二）

冷冬，不很明亮的心境
正好足夠我讀一首詩
並想起一株已經枯萎的櫻花

櫻花是一株沒有詩意的詩
枝幹平滑黑褐
掛不住昔日輕翼情絲

即使有人在他頭上
放一把火
也燒不出真情，況且
冷也冷不過
潔白的雪
一朵自心靈深處開出的
梅花

這是一首強烈暗示的「中華民族主義」意涵的詩，櫻花是倭人之國花，而梅花則是中國之象徵，有深厚的「中國意涵」；且在國畫中，梅、欄、竹、菊稱「四君子」，在中國文學藝術繪畫中，梅花的地位很崇高。

經此解釋，大家就知道這「枯萎的櫻花」是誰了！且它是「沒有詩意的詩」，就是只剩空殼，沒有內涵，暗示日本的衰落。放一把火也燒不出真情，暗示倭國的衰落不可逆，起不來了！所以不論櫻花開得多美，詩人心中仍只有梅花。可敬啊！詩人，賞讀〈天空（兼寫台灣）〉。（註三）

長空，藍成令人想飛的

遼闊

二個小孩拿著風箏
到底誰先放？

風箏上的竹子
畫著老鷹的紙
到底誰才是主角？

爭執的小孩
竹子和紙
天空就這樣等待著

二〇一七・六・十六

暗示台灣在統獨之爭下，時間被白白空等，發展幾乎停滯，等於毀了年輕一代人（可能更慘）。詩的有趣，把統獨形容成「兩個小孩的爭執」，且是無謂的爭執。

小孩會為了誰先放風箏而爭執嗎？肯定是不會，因為長空遼闊，孩子們各放各的風箏。這也暗示，統獨之爭是無謂的「假議題」，只有統一（依憲法），沒有獨立。賞讀〈一切終將遠去〉。（註四）

歷史寫在路上
人生寫在手上
人情寫在
薄薄的紙上
只有白雲依著藍天
成天廝磨——
也終將遠去

二〇一七 餘稿

詩人親近佛法，必有所悟。《金剛經》說：「一切有為法，如夢幻泡影，如露亦如電，應作如是觀。」一切有情、無情，終將遠去，這便是宇宙人生之實相。

註　釋

註一　陳福成，《林錫嘉現代詩賞析》（台北：文史哲出版社，二〇一八年八月）。

註二　林錫嘉，〈即使一樹櫻花粉紅〉，《華文現代詩》第三期（台北：文史哲出版社，二〇一四年十一月），頁四〇。

註三　林錫嘉，〈天空（兼寫台灣）〉，《華文現代詩》（台北：文史哲出版社，二〇一八年十一月），頁五四。

註四　林錫嘉，〈一切終將遠去〉，《華文現代詩》第二十三期（台北：文史哲出版社，二〇一九年十一月），頁七〇。

曾美霞

曾美霞以小說和電視劇《紅娘》劇本，紅極一時，散文和詩也是她的拿手，筆者在《曾美霞現代詩研析》有所略述。（註一）

不論詩、小說或散文，她的作品充滿現代社會性，善於描述現代人的感情問題；並指出人際關係和家庭生活的矛盾衝突、忠誠與背叛等情境。她的詩，體現一個女詩人對現代社會百態的觀察。賞讀〈等一班公車——台北街景〉。（註二）

春日，等一班公車
節氣正值雨水之後　驚蟄之前
路樹嫩葉吐綠　分隔島百花怒放
稚嫩情侶甜蜜依偎　無限浪漫

一通簡訊強行介入兩人世界
甜蜜的呢喃變成憤怒的哭泣

男孩說
情人節過了　花謝了　巧克力吃了
至於愛情呢　老去了
女孩說
夏天相識　秋天相戀　冬天相許
才迎來我們的第一個春天
男孩說
春天繽紛　分手不會覺得孤單

在這樣的節氣等公車
雨水讓人眼淚止不住　如春雨綿綿
驚蟄始雷　驚醒了冬眠的脾氣
萌發了新念頭　花心如蛇蠢動

春日　雨水之後　驚蟄之前
等不來一班公車
卻等來一幕青春舞台劇

現代社會的婚姻、兩性問題，總是佔了媒體最大版面，因為有最高的衝突性，衝突著每一個人的心。這其中，有的是潮流，有的是台獨偽政權操弄帶動潮流，其後果將很嚴重，加速島嶼對立和沈淪。

台島新一代年輕人（今約四十歲以下），之所以視婚姻如兒戲或猛獸，皆因台獨偽政權三大邪惡政策帶風向的結果：(一)同婚、(二)通姦除罪化、(三)修改婚姻法稱「一男一女、一夫一妻組家庭不合平權法。」凡此，只有加速台島社會之瓦解。賞讀〈沈默的吶喊〉。（註三）

有一種沈默，是沒有話要說
沈默久了，心靈空了淨了
另一種沈默，是有話沒有說
沈默久了，心靈堵了塞了

有時候，沈默如白雲靜謐
微風無語
有時候，沈默像烏雲密佈

山雨欲來

有一種吶喊，是大聲的發洩
吶喊之後，愜意暢快
另一種吶喊，是無聲的垂淚
吶喊之後，暗自悲涼

如果人心會因此而顫抖
不妨盡情吶喊
如果天地總是無動於衷
吶喊，終將歸於
沈默

這首詩寫出許多人、事、社會、政黨、國家之現象，甚至是「普遍性現象」。因此，「普遍性」是這首詩成功的地方，普遍性也是好詩重要標準之一。

普遍性是詩歧義語言的最大張力，可以擴張到任何領域。例如在「人」範疇，朋友、長官、家庭等，都可以在這首詩裡找到解釋，許多人的「事件」，也可以「對號入座」，在這詩裡印證相同情境。

把範圍拉大到整個台灣社會，現在的台獨偽政權，把台灣社會搞爛、搞腐、搞得快要面臨崩潰的邊緣。許多人吶喊，有如狗吠火車，統治者「無動於衷」，許多吶喊終歸沈默。島，就任其沈淪吧！島民的共業！

註　釋

註一　陳福成，《曾美霞現代詩研析》（台北：文史哲出版社，二〇一八年八月）。

註二　曾美霞，〈第一班公車——台北街景〉，《華文現代詩》（台北：文史哲出版社，二〇一五年八月），頁八一。

註三　曾美霞，〈沈默的吶喊〉，《華文現代詩》第二十一期（台北：文史哲出版社，二〇一九年五月），頁一〇二。

許其正

在《華文現代詩》點將錄之一的《現代田園詩人許其正作品研析》一書，我將他定位在田園詩人。（註一）從他的創作風格觀察，他也走出一條「許其正版的薛西弗斯神話」，使他的人生境界提到一個不凡的制高點。用一個心理學術語說，他完成了人生的自我實現。

人生這部「無情的列車」，不顧帝王將相販夫走卒的挽留或吶喊，拼命向前行駛，詩人也得面臨黃昏歲月，許其正也是。他之前的田園美景，轉換成晚霞夕照，賞讀兩首他在《華文現代詩》的作品。〈暮歸〉。（註二）

已是日暮黃昏
走過了多少路途
歷經了多少陰晴圓闕
已難記得
家園的記憶卻時時相隨

那些陽光燦爛的日子遠了
天色漸漸暗下
漸漸曚曨
體力漸漸衰竭
還得堅忍支撐下去

一步步向前走
走過那叢樹林
越過那條河流
可預期的，前方還會遭遇
許多崎嶇坎坷

已是日暮黃昏
天色漸漸暗下
雖有曚曨和衰竭的要脅
還是要走
走歸夢中的家園

寫本文時，正好數日前到三總的檢查報告出來，醫生告知：「攝護腺癌指數超高，正常為五，你是十九。」害我一時心頭沈重。再讀許其正的詩，「**已是日暮黃昏／天色漸漸暗下……**」好像就是自己，一顆心沈……

但人生只許往前走，如詩人說的「還得堅忍支撐下去」，沒有退路，沒有「短路」，不能去跳太平洋。寫這詩時許其正是八十一歲，他仍不停筆，我當然也不能停筆。人生，兵來將擋，水來土掩，不能退怯！賞讀〈走進一棵樹〉。（註三）

深夜
視線迷茫
我走呀走
走進一棵樹
迷途了！
好像是

我首先碰到
一個小孩子

他蹦蹦跳跳地
就在眼前
蹦蹦跳跳地
那是誰？

然後我碰到
一個青年
他孔武有力
扛著看起來好重的什麼
好像大力士
那是誰？

然後我碰到
一個老公公
他彎腰駝背
慢步行走
有氣無力地

那又是誰？

迷茫裡
有人低聲告訴我
那棵樹就是那個
小孩子、青年、老公公
他們只是影子
或許是你的影子……

這棵樹是誰？小孩、青年、老公公又是誰？是你、是我、是詩人，也是每一個人。眾生旅程的各階段縮影，但也有一些弦外之音的暗示。

詩的意象很有存在主義感，人一出生，便如一支飛行的箭直飛，童年、少年、青年、老年，最終死亡。不論是誰，都不能脫離這個被設定的程式，除非早亡！

但這一切的人生過程，也許只是一個「假相」，「他們只是影子」。正如《金剛經》說的，「一切有為法，如夢幻泡影」，說這一切都是「假相」，你相信嗎？不信去看《金剛經》！

愛因斯坦亦說：「人類所見之時間、空間和物質，其實只是一種假相。」我想，詩人許其正是積八十年悟道之經驗，才會寫出這首詩！

註　釋

註一　陳福成，《現代田園詩人許其正作品研析》（台北：文史哲出版社，二〇一八年八月）。

註二　許其正，〈暮歸〉，《華文現代詩》第二十二期（台北：文史哲出版社，二〇一九年八月），頁五二。

註三　許其正，〈走進一棵樹〉，《華文現代詩》（台北：文史哲出版社，二〇一九年十一月），頁七三。

莫　渝

在《華文現代詩》點將錄中，諸將都深耕文學數十年，但若要說耕耘範疇最廣，應屬莫渝。按余所著《莫渝現代詩賞析》一書，有所略述，他深耕法國詩歌文學、現代詩、散文詩、台語詩、兒童文學、鄉土文學、第三世界詩歌、中國詩人研究等。（註一）欲了解莫渝文學創作歷程，可詳見該書。

從作品讀人，莫渝對社會革命是有熱情的，他希望詩或詩人能產生力量，如普希金或裴多菲，他們都和革命者混在一起，用詩來鼓舞革命者。

但在台灣，問題似乎太複雜，他不能太明顯的「選邊站」，他對政府和政治也強烈的反感。因為他更期許自己當一個文學人或詩人。因此，他晚近發表在《華文現代詩》，都是比較抒情的，賞讀〈忍冬，暮春情事〉。（註二）

蜂來過
留下輕盈的青春印痕
還有刻意的蜜味

春
來的更早
忍不住的冬季
提前將融溶的雪水
帶走
行遠

藤蔓最能走遠　處處可見
無需操心
倒是陸陸續續綻放了
討喜的淡雅白花與黃花
白的銀你挑
黃的金是我
兩人的秘密心事

心事慢慢蕩開
是記憶的芳香湧現心頭

不論散溢
或對流

只要臉頰輕淺一貼
已夠迷醉

記得清明時節
點柱香
跟天地間的寂靜交換細語
同時
託上我們久遠的情事

二〇一七・九・二〇

詩寫忍冬和暮春間一些內心情境，兼回憶曾經有過美美的、甜蜜的往事。人生最難忘的，就是擁有過的兩人世界，永遠都是芳香的記憶，會在內心流蕩一輩子。偶爾，閃出一些意象，瞬間捕捉來一用，便是一首詩。

蜜蜂會來，是因為有花的吸引，有花的地方必會引蜂來採蜜，並傳播花粉，這是相互需要。也有弦外之意，暗示兩性相互吸引和需要，若修成正果，這便是人生往後一切的起點。到了老年，這些久遠的情事，都是有「蜜味」的回憶。賞讀〈地瓜葉的頌歌〉。（註三）

無認真的做稼人
懶惰的做稼人
蕃薯藤隨便栽
任意插

主人不在
地瓜葉　葉葉都朝上
都橫向蔓爬
根鬚抓土
吸取陽光　吸取空氣
吸取土裡的水份養料

沒多久
成熟的嫩的葉子一大片
隨你摘

寬厚的綠葉
認命的個性
湠生是本質也本領

二〇一七・八・四

讚美地瓜葉，是目前最平常的食材，黃昏市場買一斤可吃兩餐，若是郊外遊玩，炒一盤不到百元。可以說現在是平民化的「養生食品」，據說第一名的養生菜，就是地瓜葉。

有一點年紀的人都知道，地瓜葉在早期農業時代，不是給人吃的（只有赤貧求生者才吃），而是專用來養豬。所以真是風水輪流轉，豬食也有翻身的一天。

這首詩的首尾都有台語用詞，須要懂一點台語才能領會。但「湠」不知何意！國語字典竟找不到！

註釋

註一　陳福成，《莫渝現代詩賞析》（台北：文史哲出版社，二〇一八年八月）。

註二　莫渝，〈忍，暮春情事〉，《華文現代詩》第十六期（台北：文史哲出版社，二〇一八年二月），頁七三。

註三　莫渝，〈地瓜葉的頌歌〉，《華文現代詩》第十五期（台北：文史哲出版社，二〇一七年十一月），頁六三。

陳寧貴

陳寧貴是以散文起家的詩人，在他所有出版的文學作品中，以散文最多，有十本。其他少數是詩、小說、兒童文學，可看余所著《陳寧貴現代詩研究》，對他一生的創作歷程有所略述。（註一）

陳寧貴出版的詩集，有一九七七年的《劍客》、一九八〇年的《商怨》，之後的四十年沒有再出版詩集。他自己說舒懶，幸好在《華文現代詩》刊出他不少詩作，筆者在《華文現代詩三百家》一書，做了全面作品刊出率，他屬「勤奮詩人」。（註二）本文就賞讀幾首他在《華文現代詩》的短詩。〈量子糾纏〉。（註三）

多情卻似總無情，唯覺樽前笑不成；
蠟蠋有心還惜別，替人垂淚到天明。
唐・杜牧・贈別

你在那頭，我在這頭
緣份是牽引兩頭的輪迴
軌道，思念的磁場甜蜜呼喚

無限也無限
是永遠超越時空的
量子糾纏

量子力學和相對論，是二十世紀物理學的兩大支柱，「量子」是宇宙間最小的物質單位。所以量子力學在研究微觀物質之活動，被稱為物理學之「幽魂」，而「量子糾纏」類似人類的心電感應，愛因斯坦稱之「遠距離鬼魅效應」。

這首詩引入物理學「量子糾纏」概念，形容情人、親人或知音人，雖遠隔兩地，也可以心靈相通。說來很有創意，這個創作題目可能沒有詩人用過。賞讀〈樓蘭〉。（註四）

青海長雲暗雪山，孤城遙望玉門關；
黃沙百戰穿金甲，不破樓蘭終不還。
唐・王昌齡

繁華早已淹沒在
狂風沙底下，只能用
傳說，才能挖掘
出來的樓蘭國。她沉睡在這
消失的國度，一千六百年了

早已沒有所謂的等待
連消失也等不得

是哪個多事的人，推開
千古傳說闖進來，偷窺
她，黃棕色頭髮從插著
數支翎毛氈帽裡垂落下來
雙眼深邃如千年前的夜空
娥眉仍如當時清秀的河流
薄唇輕抿著青春淺淺的憂鬱

樓蘭美女的名聲，迅速
流傳出去，千年後
她點亮現世紅塵
千千萬萬雙驚奇眸光
而她的鄉愁依然
遺忘在遙望中
埋葬在沙漠裡
還沒出來

「想問沙漠借那一根曲線，縫件披風，為你禦寒，用肺腑去觸摸你的靈魂，我就在那只火爐邊取暖……」這是由刀郎作曲，蘇柳作詞的流行歌〈我的樓蘭〉，流行於兩岸中國子民。

自從「樓蘭美女」出土，有如「樓蘭國」復活了，掀起「樓蘭學」熱潮。長期以來，小說、電影、詩歌等，不少出現以樓蘭為主題或背景的作品。

註　釋

註一　陳福成，《陳寧貴現代詩研究——全才詩人的詩情遊蹤》（台北：文史哲出版社，二〇一八年八月）。

註二　陳福成，《華文現代詩三百家》（台北：文史哲出版社，二〇二〇年三月，修訂三版），第一篇。

註三　陳寧貴，〈量子糾纏〉，《華文現代詩》第十四期（台北：文史哲出版社，二〇一七年八月），頁七〇。

註四　陳寧貴，〈樓蘭〉，《華文現代詩》第十五期（台北：文史哲出版社，二〇一七年十一月），頁六七。

劉正偉

在《華文現代詩》諸將中，劉正偉是最年輕的學者型詩人。在余所著《劉正偉現代詩賞析——情詩王子的愛戀世界》一書，對他生命歷程及其文學風華有所略述。（註一）他定位在「情詩王子」，因他寫了最多、也最能感動異性的情詩。

近幾年來，劉正偉一直在神州大陸各地壯遊、參訪、教學或詩歌文學交流等。他常以「人生苦短、隨緣隨喜」自勉，因而「愛與詩」才成為他一生追求的夢想。唯愛與詩可以化苦為樂，也唯愛與詩能化短暫成永恆，正偉年紀輕輕就深悟宇宙人生之真相。賞讀他發表在《華文現代詩》的作品。〈火車的背影〉。（註二）

火車就要到站，廣播聲糾結
妳在我雙唇輕輕一啄
蓋章，說我永遠屬於妳
我也溫溫地在妳唇上用印
這樣，我們就擁有彼此的永恒
火車迅速到站，一握手時間

連吻別都來不及的窘迫
妳送到門口，我被上車旅客擠出
視線，妳仍在那使勁揮手

終於，火車頭也不回的揚長
到站的人潮逐漸散去
只餘站長持續監視我詭異形影

火車在我的注目禮中越開越遠
我放下手臂，搖累的揮別
向火車背影輕輕地說，我愛妳
聲音微弱，像貓叫般輕盈
隨鐵軌鏗鏘的共鳴，追逐而去

這是一首情詩，詩寫情侶在車站吻別相送時，雙方內心的動蕩情境。詩中以「妳、我、我們」稱謂，強化了臨場感，通常用第一人稱記述，會給讀者更大的真實感。因為就是發生在作者身上的事，是作者在說自己的故事，所以更為真實、可信。賞讀〈相愁——戲擬余光中〉。（註三）

小時候
相愁是一條小小的細竹
爽在老師和父母心頭
紅腫在我的手指頭

長大後
相愁是一條波濤洶湧的海峽
母親倚門在苗栗山頭
我在金門數饅頭

後來啊
相愁是一條歲月的刻痕
蝕刻在父母親的額頭
也蒼老了我的心頭

而現在
相愁是共軍機艦不斷繞台

美日在那故作發愁
呆胞困在島內，相仇

詩並沒有「戲」余光中，只是仿余光中〈鄉愁〉一詩的形式語氣，表達詩人一些經歷想法。第一段現代年輕人看不懂，五十多歲以上人會懂，那是學校打罵教育的年代，小朋友在校幾乎天天被老師用竹枝打手心，回家也不敢說，說了媽媽再打一回。因你不乖，才會挨打！

最後一段以「呆胞」諷刺台灣人，平白無故弄出一個台獨偽政權，情願成為美日走狗、打手，惹來中國王師要武統。台灣年輕世代被台獨洗腦長大，早已忘記自己是中國人！忘記自己就是中華民族！就是炎黃子孫！可悲呀！

註釋

註一　陳福成，《劉正偉現代詩賞析——情詩王子的愛戀世界》（台北：文史哲出版社，二〇一八年八月）。

註二　劉正偉，〈火車的背影〉，《華文現代詩》第二十一期（台北：文史哲出版社，二〇一九年五月），頁九九。

註三　劉正偉，〈相愁——戲擬余光中〉，《華文現代詩》第十六期（台北：文史哲出版社，二〇一八年二月），頁七五。

落　蒂

落蒂（楊顯榮），《華文現代詩》從創刊到第六期，他都是同仁，到第七期退出。但他在本刊發表的詩作，刊出率很高，在余所編著《華文現代詩三百家》一書所做的統計，落蒂仍列入「勤奮詩人」。（註一）因此，本文賞讀幾首他發表在《華文現代詩》的作品。〈荒蕪之島〉。（註二）

白海豚在島四週悠遊
望著昔日翠綠的島
而今變成一片荒蕪
且發出哀哀之音

黑嘴鷗在從前覓食地
找不到食物
所有前來荒島過冬的鳥類
都找不到食物

據說島上有人
把有毒的東西
灑在各處
據說島上有人
把有毒的垃圾
拋向海裡

有毒的東西
毒死島上的一切
有毒的垃圾
毒死海中的一切

白海豚也死了
海上寂寞無聲
鳥兒都成了枯骨
島上也寂靜無聲

任何人
任何生物
都將在來日或
來日後的無窮來日
面對一個
寂靜無聲的荒島
只有風
狂吼著

這是哪個島？我高度懷疑，詩人是暗示台灣島。「**昔日翠綠的島／而今變成一片荒蕪／且發出哀哀之音**」。左思右想，唯一可以對詩入座就是台灣島了。從四小龍之首，台灣錢淹腳目，自從妖獸台獨開始上台面，搞「去中國化」，成為荒蕪是必然的，中國文化全部「洗掉」，台灣便回到石器時代！

「**據說島上有人／把有毒的東西／灑在各處……**」這講的不正是台獨（毒）嗎？從李登輝開始進行「台獨洗腦」「去中國化洗腦」，這毒已灑在島的各處，未來將最少毒害一整世代的人，直到被統一為止。能救台灣，使島不荒蕪，只有統一是唯一辦法。

若不盡速完成統一，任由台獨偽政權搞下去，台灣成為世界同婚天堂，也是愛滋病島。到那時，呆丸郎「**面對一個／寂靜無聲的荒島／只有風／狂吼著**」。是可以預見的事。賞讀一首小品〈是否〉。（註三）

窗外一片漆黑靜寂
獨坐斗室
思潮起伏
想起這一生
風風雨雨
遂拿起電話
撥給你
長久以來一直
一直關心遠行的你是否
仍傲然仰首面對風雨

每個老人家都會碰到的「是否」，尤其詩人更是。因為詩人真性情的格性，一生不論碰到什麼風雨，都是傲然面對，很少低頭轉彎。但人老了！一切都變了！身段也低了！詩人是在質問自己嗎？賞讀〈等〉。（註四）

走過來
從時間之橋
在等著我們
停在上方的一朵雲
在思考
什麼

已過寒露秋霜
遠方的稻浪
還有
微風吹著田埂的綠草
風沙之外
只有泥濘
那鄉間小路

是多麼奇異
那美學

讓人
提心吊膽日夜不休
而我們僅存的只是

醉人的薰衣草
該在普羅旺斯
迷人的汽笛
該在
那不勒斯
而我們僅是
僅僅是走在
如此驚濤駭浪之海上
海上
四面迷茫

又是面臨黃昏的感嘆！一切眾生都要面對老境，而且現代社會大家重視養生，醫藥進步，人的老境很長。按台灣地區平均壽命約八十歲，現在又流行早退休，人的老境歲月可能有數十年。

人老了！在「等」什麼？或有什麼在等著你！讓人心頭不安啊！前景極少，回憶很多，僅存的是什麼？越來越覺得「這個世界已不屬於我」。

一切放下！放下一切！回顧此生，似乎總是走在驚濤駭浪的海上，四面迷茫。這是詩人之感嘆吧！或就是現實人生的真相！

註　釋

註一　陳福成，《華文現代詩三百家》（台北：文史哲出版社，二〇二〇年三月，修訂三版），見第一篇。

註二　落蒂，〈荒蕪之島〉，《華文現代詩》第十六期（台北：文史哲出版社，二〇一八年二月），頁一二三。

註三　落蒂，〈是否〉，《華文現代詩》第十七期（台北：文史哲出版社，二〇一八年五月），頁九六。

註四　落蒂，〈等〉，《華文現代詩》第二十三期（台北：文史哲出版社，二〇一九年十一月），頁一〇七。

陳福成

《華文現代詩》季刊雖只發行二十四期，相較於台灣幾個老牌詩刊算是短的，但吸引近千作家刊出作品。自己的同仁當然就是積極供稿，本篇已賞讀前面九位同仁作品，末尾就是筆者。

筆者雖然也寫一輩子詩，所謂「文章是自己的好」只是一種「感覺」，並未經公評。居於「球員不兼裁判」，我只引幾首發表在《華文現代詩》的作品，照列於後，供大家雅賞或公評！

祖靈的聲音

陳福成

炎黃老祖秦皇漢武傳話
子孫們
我們生命一定有個出口
巨龍有了回聲
保持靜肅，聽
就在二十一世紀
神龍自神州大地飛騰
抓得住整個地球
這是祖靈的聲音

長城醒了

城牆到處是傷口
千百年之殤，尚待恢復
崛起
我們開始打通龍脈
打通山河江水
五臟六腑氣血全通
長城醒了
巨龍醒了

又發生了

從長城下走過
地平線上突然一驚
是否戰事再啟？
蠻荒的天空舞台上
強大的黑鷹正展示武力
不論何時、何地
這是歷史的真相

最貼緊神州大地

最貼緊神州大地的
長城，就是你
你的心跳聲
連簌簌的小草都聽見
土地也聽見
但在歷史上，你
經常患呼吸中止症
你心不跳
大家的心也不跳了

莫怪命運

命運，什麼都是命運
也太沒志氣
你是中國的脊樑
你是民族的事業線
起來，站出來
向命運挑戰
緊抱地球
看東方升起一顆紅太陽

有些不醒的

有不少殘磚斷瓦
跌落的磚塊仍在地上沉睡
或被農民搬去當童養媳
古風在荒煙徘徊
枯衰的靈魂在老樹上
找不到巢
幾經騷動
有些龍族仍在沉睡中

一段空白

騰飛的巨龍
有些被光陰盜竊一空
剩下想像
有些被禁足在博物館中
沉睡不醒
歷史袖手旁觀
只有找化石考證
化石也灰飛煙滅
一段空白

誰來閱讀

我在城牆上散步
才幾步已然走過三千年
發現城牆壘起的滄桑
歲月深深
都深陷在光陰紋路裡面
失落的歷史
記錄在磚塊上
土地下
誰來閱讀？

崛起啊巨龍

崛起啊巨龍
再一次崛起
你的崛起是第幾次了
這回你掀起新造山運動
把龍族從安詳中喚起
閃電般抖抖身子
迎接崛起
又輪到你當地球大哥

世界園藝博覽會 陳福成

園區太大了
比很多國家的領土還大
超大的植物園藝世界
新世界的奇幻之美

午後，在花園的雨林中
走進外星園林
有霧自林園飄出
水聲合唱天籟之音
綠林和紅花各自站立
美姿演出

這裡的一切都在寂靜中
聽見一片落葉的道別
鳥兒以歌回應
轉一個彎
好像從熱帶園林進到寒林
那些奇花異草
天生不怕冷
雪光迎面
無數水珠在葉上一閃一閃
這是哪一個國

有蝴蝶總是迷戀著花園
在園林裡開舞展
秋風中翻飛
是兩隻真實的蝴蝶
或莊周所夢
她們相互追逐
吸引觀者目光
這是世界園藝博覽會
節目單上所沒有

世界園藝博覽會
是整個山河大地美景的縮影
一種夢境的實踐
這是中國夢吧
只有勇於織夢的民族才辦得起
如此規模的園藝理想國

我們在這園區裡擁抱美景
用平靜的激情
唱高亢的歌
歌我中華
神州大地就是自然的博覽會

《華文現代詩》第 23 期，2019 年 11 月北京世界園藝博覽會。

第二篇《創世紀》詩雜誌

《創世紀》創刊於一九五四年（民43）十月，是台灣地區最老牌、維持最久、詩才最多、影響最大的詩刊。可能也是目前台灣地區發行量最多、得到最多公款補助的詩刊，至今（二〇二一）年已六十八歲，相信這個刊物可以撐到百年大慶。

一個刊物可以維持這麼久，必然有一群有使命感又能合作相處，才有可能完成共同的事業。關鍵就在同仁組織如何分工，大家都要為這份「無給職」的工作，無怨無悔的付出，這是很難的。

數十年來，《創世紀》同仁常有變化，但靈魂人物（如張默）不變。以晚近十年來取三期為例，述其組織同仁之變化，及其任務分工。

《創世紀》一七〇期（二〇一二年三月出刊）

創辦人：洛夫、張默、瘂弦

發行人：方明

顧　問：辛鬱、碧果、管管、葉維廉、汪啟疆、丁文智

社　長：丁文智

主　編：辛牧

編　委：李進文、陳素英、落蒂、嚴忠政、徐瑞、張國治、許水富、龔華、楊寒、楊平

《創世紀》一八六期（二〇一六年三月出刊）

創辦人：張默、洛夫、瘂弦

發行人：汪啟疆

社　長：楊顯榮（落蒂）

學術顧問：葉維廉、張漢良、須文蔚

海外事務顧問：古月、張堃

總編輯：辛牧

主　編：李進文

執行主編：嚴忠政

編　委：陳素英、徐瑞、姚時晴、楊寒、紫鵑

《創世紀》二〇二期（二〇二〇年三月出刊）

發行人：汪啟疆
社　長：古月
學術顧問：葉維廉、張漢良、須文蔚
海外事務顧問：張堃
總編輯：辛牧
主　編：嚴忠政
執從主編：姚時晴
編　委：陳素英、徐瑞、紫鵑、謝予騰、趙文豪、洪郁芬

本篇就隨機選讀《創世紀》同仁一些短詩，洛夫、張默、辛鬱、碧果、汪啟疆、丁文智、辛牧、李進文、龔華、古月、張堃、紫鵑。

洛　夫

猴　子

一隻猴子

被人套上了脖子
拉著走
（滿地的月光）
走一步
掉一粒玉米
走一步 掉
一
粒
玉米
及至
兩眼哭腫
（月光濕了又乾了）

這是洛夫的〈猴子〉詩。（註一）頂頂大名的洛夫，這首詩要如何解讀？是在講猴子還是暗示人的某種類似行為？似乎有些朦朧，或很大的跳躍！若難以解讀，那要如何欣賞？

詩人創作這〈猴子〉詩，通常不會單純只述猴子的行為。所以，必有所指射，最大的可能是指射（暗示）我們每一個人，都被某種「東西」套上脖子，這「東西」不是利益、感情，就是情緒，連月光也覺得人類的悲哀！

猴子走一步掉一粒米，形象鮮明，多數人都可以理解。但跳入人類行為，可以有很多比喻，例如我們每個人向前走一步，就掉了一些歲月。

這首詩歧義很大，好處是每個讀者可以按自己的意思解讀，壞處是永遠沒有一種「正確」的解讀。其實古今中外有哪一首詩，是正確的？或不正確的？賞讀〈梅說〉。（註二）

畫一株梅花
然後用木框
框住它

雪在身邊下
冷在框子裡
醞釀那麼一點點春意

枝幹橫斜
蓄勢想衝出去
且嘀咕：
我把香氣留給你們還不行嗎！

連畫框裡的梅花都想「衝」出去，是追求自由吧！還有什麼不想「衝」出去，人若不想衝出去，豈不連畫框內一株梅花都不如。賞讀〈髮〉。（註三）

歲月，給它一個白的理由
風，給它一個亂的理由
詩，給它一個搔更短的理由
而我沒有任何理由
卻活得
又白
又亂
而且越來越短

年老的洛夫，會活得又白又亂嗎？相信這是詩語言，只是形容頭髮。但最後一句是詩的關鍵句，「越來越短」是什麼？一切都有可能，頭髮越來越短！歲月越來越短！財富越來越短！「天堂路」越來越短！不是嗎？這是洛夫的感嘆吧！賞讀〈鏡子〉。（註四）

鏡子笑了
我從它破裂的嘴裡走出
它第二次又笑了
我趦趄不前，在玻璃柵欄前停住
鏡子哭了
我從它冰冷的淚中走出
走了一半淚就乾了
我從乾了的夢裡走出
這時我才明白
沒有一面鏡子甘願破裂
它堅持不破
我只好賴著不出來

洛夫這幾首詩都在現實世界和虛擬空間游移進出，大約就是所謂的「超現實文字遊戲」。如這首〈鏡子〉，鏡子不會哭不會笑，會哭會笑是詩人，鏡內是虛擬空間，鏡外才是真實世界。

但真實世界太無常、太濁惡，詩人哭笑不得，甚至賴在鏡內的「假相」世界不出來。洛夫寫的正是人生的真真假假，說是實亦是虛，說是虛也有瞬間的真實。愛因斯坦說「人所見之時間、空間、物質都是假相」，佛陀亦說「三千世界都是因緣和合的假相」。

故以《金剛經》之語言說：「說鏡子，即非鏡子，是名鏡子；說猴子，即非猴子，是名猴子；說梅花，即非梅花，是名梅花；……」

註　釋

註一　洛夫，〈猴子〉，《創世紀》一五六期（台北：創世紀詩雜誌社，二○○八年九月），頁一一六。

註二　洛夫，〈梅說〉，同註一，頁一一七。

註三　洛夫，〈髮〉，同註一，頁一一七。

註四　洛夫，〈鏡子〉，同註一。

張默

張默是《創世紀》的火車頭和靈魂人物，若無張默，《創世紀》也許在早期就打烊了，因為三個創辦人中，洛夫和瘂弦都曾長期在國外，剩張默一人在南台灣一人獨撐。（註一）他一生守著《創世紀》，可敬啊！

也可以說，張默在哪裡，《創世紀》便在哪裡，張默在左營《創世紀》在左營，他在台北《創世紀》也只好跟到台北。張默一生也是著作等身，一輩子獻身《創世紀》，獻身他的「詩國大業」，本文賞讀他幾首刊在《創世紀》的小詩。〈雨註〉。（註二）

為何，為何
雨，濛濛的細雨
總是滴答不停
它在我的眼睫、肩頭、大衣領之一側
站著、望著、讀著
一個勁地，隱隱約約的蛇行
它，以靜得不能再靜的聲息

把附近光禿禿的白千層
披上綠油油的外套
恍似一群白鷺鷥任晚霞彩繪著
倒影次第落在澄清如鏡的碧湖裡
青空越來越像八大的巨筆
被無助的加了一撇新月般的鬍子

「天要下雨，娘要嫁人，隨它（她）！」這是一般人的心態，不會問「天為何要下雨？」只有詩人是例外。詩人是不一樣思考的人種，會問濛濛細雨，為何總是滴答不停，其中必有原因！

詩人把雨叫活了，會站著、望著、讀著，還會蛇行。還使四周景物也鮮活了，白千層穿上綠油油外套，晚霞彩繪，湖面倒影。最後天空也活了，活像八大的巨筆。啊！詩人的筆，使一切復活。賞讀〈夢的立方〉。（註三）

它的面貌似誰
為何常常躲在我的腦海
遠眺以及潑墨
哦！夢著火了

它，燒掉了我半截
詩的翅膀

詩題就很有想像力，「立方」是數理辭彙，夢是什麼？立方與夢分屬兩個不同世界。如今在詩人國度，夢可以「開立方」，至於開了立方「得數」多少？就由讀者去求得了。有時候詩人出「問題」，讀者自行解決。賞讀〈為大詩家・下註〉。（註四）

為王勃〈滕王閣〉下註
為李白〈靜夜思〉下註
為杜甫、王維以及眾詩僧下註

嗨！嗨！
什麼是詩史
你到底躲在哪裡
似乎比〈阿房宮賦〉還溫柔
想來長安的月，也醉了

果如此
我當奮力扛起那一卷發光的經典

向灰濛濛的遠方，挺進

二〇二〇年二月・內湖

詩人能一輩子無怨無悔的守著一個詩刊，自己也在詩創作上努力了一輩子，出版的詩集、論述如一座大山。除了自己有興趣外，更大的動力是來自使命感。

〈滕王閣〉、〈靜夜思〉等都是歷史上的經典，也是中國文學史的一部份。詩人期許自己也能成為詩史的一部份，這是崇高的理想，如灰濛濛的遠方，詩人無懼歲月，依然勇往挺進！

註釋

註一　在蕭蕭主編，《創世紀60社慶論文集》，（台北：萬卷樓，二〇一四年十月）。曾進豐，〈從新民族詩型到超現實主義〉一文，有《創世紀》早期的歷史考察。

註二　張默，〈雨註〉，《創世紀》一八三期（台北：創世紀詩雜誌社，二〇一五年六月），頁五九。

註三　張默，〈夢的立方〉，《創世紀》一七九期（台北：創世紀詩雜誌社，二〇一四年六月），頁一〇二。

註四　張默，〈為大詩家・下註〉，《創世紀》二〇二期（台北：創世紀詩雜誌社，二〇二〇年三月），頁一一三。

辛鬱

風貌

借雲　借霧
借山亦借水
借樹復借花
也借你家的門幔
借他家的窗簾
借一女子的長髮
或借另一女子的裙襬
風　在翻著各式各樣的
跟斗

這是辛鬱的〈風貌〉一詩。（註一）只是風，天天每個人都可以感受到的風吹，室內室外都有風在流動。最平常的事也是讓多數人最無感的事，詩人竟使平常的風，變得如此可愛，美麗！活潑！

這詩的另一層含意，是這世間的一切都是共構成的風景，我是你的風景，你是他的風景，你我他是一條街景。人的存在，其實只是一幅大風景的小部份。所以，你離開這風景，對大風景根本沒有影響，就算某大總統走了，大風景依舊！賞讀〈偶拾兩則〉。（註二）

一

走出長巷　猛抬頭
那家麻油麵線的小店不見了
你吃不慣的漢堡取而代之
不過才幾天不出門
你不能不對所謂的時尚服輸

更重的一記棒喝是
你讀不懂斜對面那家服飾店的
店名　什麼奧黛咪雅雪麗絲
還有「我飛在自己的飛裡

把天空的臉拉長了十一公尺」
這樣的詩句

二

在等待的時刻
忽然聞到焦燥的滋味
一顆心幾乎
跳出胸膛

這個世界到處都出現貧富兩極化的問題，越是標榜「民主、自由、人權」之國，兩極化越是嚴重。特別是美國，嚴重的兩極化使許多大城市「第三世界化」，甚至更不如，因為滿街流浪漢，基礎設施老舊，美國的錢都用在打仗，全世界到處侵略別國，這個世界對我們，越來越陌生，讀不懂這個世界。

世代的「溝」也已經不是溝，而是寬如海洋的溝，老一輩和社會距離越拉越大，有如兩個世界。一切的一切都不一樣！都變了！包含詩壇上新派詩作，「我飛在自己的飛裡／把天空的臉拉長了十一公尺」，這是什麼東東？這是詩嗎？

註　釋

註一　辛鬱，〈風貌〉，《創世紀》一七〇期（台北：創世紀詩雜誌社，二〇一二年三月），頁七〇。

註二　辛鬱，〈偶拾兩則〉，《創世紀》一七四期（台北：創世紀詩雜誌社，二〇一三年三月），頁一〇五。

碧　果

人形美學

與我共謀
共謀我與我之孤獨
為瓷質亮白的一樹杏花
騷然　東牆
此刻正折磨已成魔性的晨光

美　在無法遁形的美裡
我唱了兩句野曲
而　唱腔折返
一種感覺　醒了

唔
或許，就是這樣了

一條　未蛹・未蝶的
直立的
乃
芽、
根、
莖、
果的，
乃　好色乃焦慮乃瘋狂乃純真乃謙虛乃癲癇乃
自大乃艾怨乃淡漠乃膚淺乃拜神乃可笑的
仍　滴淚的
乃　光體的
直立的
活著的
活的　自己・與
　不必：

二〇〇八年夏季作品

這是碧果的〈人形美學〉一詩。（註一）在《創世紀60社慶論文集》中，陳素英在〈敘事筆法在詩中運用及藝術呈現〉有深入剖析。（註二）但學術名詞太多，讀起來學術味十足。

一言蔽之，碧果在對生命（主要是人）的禮讚。詩中與「我」共謀的尚有杏花、蛹、蝶、芽、根、莖、花、果，這些存在的有個共通屬性，就是生命。而這眾多生命中，只有「人」的存在，才能定義「美」，或是「不美」，其他生命皆不能定義「美」，所以強調有「人形」，才有「美學」。

假設，地球上沒有「人」這種智慧生物，只有獅、虎、鳥、魚、蝶……牠們都沒有能力定義「美」。此刻，地球不存在，宇宙不存在，西方極樂世界也不存在。（註：現今之量子力學已證實，人因有「意識」到世界的存在，才有世界的存在；若無「意識」世界的存在，世界是不存在的。）

但人的存在問題也多，好色、焦慮、瘋狂……最終死亡，但「生和死」到底是一件事還是兩件事？則是永恆的課題。賞讀〈活體麥子〉（註三）

攫住我不放的是詩意抽芽的場域
時空糾結出一種香味

在香味中，我走進了意象的獵場
舉槍　透過覘孔
由準星尖端瞄出去：

砰！

啊
那被擊中者正是意與盎然的
自己。——

一隻
無翅想飛的
僅具肉肢的
卵
與
蛹

碧果的作品總是很超現實，又一再把自己解構、解剖、變形。這裡寫的，其實就是一個詩人創作一件作品的過程，「靈感」有如詩意抽芽，要如何捕抓？突然有了「意象」，要如何精準的「拿下」？

砰！一槍！擊中「自己」——靈感完成捕捉，意象也已拿下，詩人就像一個「活體麥子」；而無論何時？詩人都在「想飛」，發揮想像力，創作更好作品。

註釋

註一　碧果，〈人形美學〉，《創世紀》一五六期（台北：創世紀詩雜誌社，二〇〇八年九月），頁一八〇。

註二　陳素英，〈敘事筆法在詩中運用及藝術呈現〉，《創世紀60社慶論文集》（台北：萬卷樓，二〇一四年十月），頁一五一——二〇一。

註三　碧果，〈活體麥子〉，《創世紀》一七〇期（台北：創世紀詩雜誌社，二〇一二年三月），頁一五三。

汪啓疆

台灣詩壇有不少是出身軍人背景，例如曹介直、向明，筆者也是。但若要說「將軍詩人」這種雙料又叫人稱羨的美譽，恐怕就是汪啟疆。他出身海軍，而且階級很高，我沒有刻意去把他的資料挖出來，相信他肩膀上必是「繁星點點」。

一個海軍將領，也一輩子沒有放棄文學創作，幾乎每期《創世紀》都有他的作品。由於海軍背景，他很多作品都和海洋、島嶼、軍人有關。但本文僅欣賞他幾首小品。〈木棉樹〉。（註一）

火熱的瞳仁
染塗悲壯顏色
撼動著夕陽，木棉樹站在夕陽裡
掉落地上的任何一朵花都是彈匣
那兒就成地平線，就是戰場
燙硬的所在躺滿了禱文

把持住作戰心思，木棉樹立正
全身刺的甩落滿地
砍下的頭

破軀而出的
是春天吶喊的我
火焰，我豎在自己火焰內

軍人就是軍人，一首〈木棉樹〉短詩，出現四個軍隊術語，彈匣、戰場、作戰、立正，四個意象合起來，正是木棉開花的景像。燃燒的戰場，到處烽火，槍林彈雨，軍人就算已是一介「老榮民」，也常在想像著，自己尚在戰場上，那是一種想像的過癮吧！這把想像火焰會永遠在詩人體內燃燒。賞讀〈列島〉。（註二）

島嶼陳列
拱弧、美、倔強

所有存在真實
夢幻於暇想中

那站哨大路兩側
停著樹葉、蛺蝶、蛇

海龜逆光泅泳入海
大霧傳遞交通船汽笛

所有眺望凝實了起伏
浮筒的警鐘敲湊不已

島嶼羅列區隔
戰士的情緒

灘域邊緣茂盛開滿
鐵蒺藜、雷區

　　説夢的我
　　就在這裡。

這詩裡的列島，無疑就是金馬列島，因為只有金馬各列島的灘域，才會開滿鐵蒺藜和雷區。詩人是海軍，年輕時代駐守過外島，官位越高後應也常巡防海疆，詩的情境是他曾經真實的生活。

這詩也引起我軍旅生涯的一些記憶，南竿、北竿、高登、大金門、小金門，還有更小的島嶼，總計那「十年金馬獎」。苦啊！沒有汪啟疆乘軍艦看海那樣浪漫。賞讀〈駕駛台〉。（註三）

海水發出響動
所有時間都在凝塩豎立
（且都塞入心臟）
我似乎只為這極鹹的守望而存在
　但願大海化作酒
一個浪來喝一口

在駕駛台頂
　我喊。

彰顯了一個將軍的豪氣，大海化作酒，一個浪來喝一口，可謂氣壯山海。據聞，詩人當過海軍艦隊司令，面對大海洋巨浪湧來，司令不懼，且高座駕駛台，大喊「頂住」，何等壯闊的場面。

相對於陸軍的我，除了在金馬十年，守著一個個孤島，也是每天看海。回台灣乘坐軍艦或太武輪，也能感受大海的壯闊，這是一種人生珍貴的經驗和洗禮，被大海「洗」過，人生會更壯闊！

註　釋

註一　汪啟疆，〈木棉樹〉，《創世紀》一七〇期（台北：創世紀詩雜誌社，二〇一二年三月），頁一四八。

註二　汪啟疆，〈列島〉，《創世紀》一八六期（台北：創世紀詩雜誌社，二〇一六年三月），頁六三。

註三　汪啟疆，〈駕駛台〉，《創世紀》二〇二期（台北：創世紀詩雜誌社，二〇二〇年三月），頁六五。

丁文智

聯想——大病初癒（註一）

此後
對世事不管有否參與
都不能再視之為等閒

若仍有那種黑在那裡暗自牽動
我誓將如樹與藤般之親密
讓其自融於那種落落光明之大方裡

此後
吾心
也必然款款

若仍有哪種不識時務者

動輒
行之以覬覦操之以顢頇
我也誓將把汗水擰成雨露
以滋之潤之
期使墮落者能在感召中覺醒

當然
更望心中酷寒能在如此摒棄的轉念中
回暖

大病初癒，通常會有大悟，因為大病總是在生死關頭進出，能夠安然走出醫院，必會謝天謝地謝謝眾神，從此以後也會改變一些想法。所以詩人說「此後／對世事不管有否參與／都不能再視之為等閒」。這就是一個重大的轉變，之後「若仍有那種黑」，可能是面對黑暗勢力的時候，對應的態度也不一樣了！

當然，改變的是詩人，不變的是他所面對的台灣社會，政治還是黑，社會還是亂，台獨偽政權還是照樣騙人，許多人還是願意被騙。面對這些，詩人變成了觀世音菩薩，以雨露滋之潤之，期墮落者覺醒！大病之悟是普度眾生。賞讀〈閃避〉。（註二）

把步步逼你就範的現實
誘進
牢不可破的那個
空濃於色的思維框架後

我便開始沾沾自喜起來
因而今而後
它恐怕連翻身的想法
都不必有了

或因歲月沉重過了頭
不然我們何以老愛在那條
命運之河的自掘裡
沉浮

尤有甚者
不就是如我那樣寧把自己押進
越鎖越深的那種看不見裡

才品它
那一道道
熬自閃避中的那些絕佳興味
以及與利害碰觸的心思稍移後
所活絡它的那片光燦之永恒

中國歷史上的文人有一個傳統，天下可為則出而為民服務，力求進取；天下不可為則退而隱於山林，「閃避」亂世。因而有竹林七賢、有山水田園詩派。

一九四九年後的台灣，也因政局關係，詩人多少也有閃避心態。如「瘂」弦、張「默」等，以不言少說保安全，光是寫寫詩，總不會有罪吧！

丁文智的「閃避」不是政治原因，而是可怕的現實。面對現實每一個人都有不同的閃避方法，追求「光燦之永恒」，是好法子！

註　釋

註一　丁文智，〈聯想——大病初癒〉，《創世紀》一七〇期（台北：創世紀詩雜誌社，二〇一二年三月），頁一三五。

註二　丁文智，〈閃避〉，同註一。

辛牧

算術

在日落之前
我開始數著
一棵，二棵，三棵……
數不完的樹
像我的眼淚
心跳

在日出之後
我繼續數著
一根，二根，三根……
數不清的鋼筋
像一張蛛網
而我沒有眼淚

這是辛牧〈算術〉一詩。（註一）是不是詩人吃飽沒事？太無聊！整個白天（日出到日落），不是數著路邊樹，就是數鋼筋，這並不是詩要說的。那麼，詩人到底是要說什麼？

詩之關鍵在眼淚，數不完的眼淚和心跳，是傷心和緊張，最後是沒有眼淚（流乾了）。如此讓人傷心、緊張、發瘋，為何事？詩人在台灣，當然緣於台灣社會的惡化，政治之腐化！賞讀〈生老病死〉。（註二）

生

一堆人從旋轉門擠進來
經過後門
從煙囪一溜煙逃出去

老

牙齒剛長齊
又掉光了

病

一隻黃蜂
在我身上下一顆卵

死

埋在地下的
一株冬蟲夏草

每個詩人都在寫生老病死，因「一花一世界、一葉一如來」，每個眾生都有極大的差異。雖同是詩人，寫相同的生老病死詩題，必然大家寫的不一樣，觀念想法甚至有參商之差距！

不得不說這首詩寫得很特別，「老」得很驚悚，「**牙齒剛長齊／又掉光了**」。這老得也太快、太嚇人了！正應了人生如「白駒過隙」這句成語；而「死」至少成為一種「補藥」，且身價高貴，可惜無福享用了！賞讀〈送張堃回美國〉。（註三）

在路上
一架飛機低空掠過

想必張堃的坐騎
抬個頭
揮揮手
對著飛機大叫
寫批來

最近悟到一件事，事件是否發生在自己身上的感受都不同。不論你修行多高！多麼看得開！但當醫生突然告訴你檢查結果：「癌指數超高。」你一顆心立刻就沈了！

張堃（張臺坤）長期旅居美國，不知是否已成美國人？辛牧（楊志中）和他都是《創世紀》要角。好朋友分隔兩地，交流靠「寫批來」（台語發音），台語入詩是近十年來的流行！

註釋

註一 辛牧，〈算術〉，《創世紀》一四七期（台北：創世紀詩雜誌社，二〇〇六年六月），頁一二七。

註二 辛牧，〈生老病死〉，《創世紀》一五六期（台北：創世紀詩雜誌社，二〇〇八年九月），頁一八一。

註三 辛牧，〈送張堃回美國〉，《創世紀》一七四期（台北：創世紀詩雜誌社，二〇一三年三月），頁一〇三。

李進文

黑色之日

曾經，不，經常
被快樂棄置在一個小角落
孤燈長出暴力

唯恐天下
已亂。後果一旦想對付前因
就忘記現在
在失去愛

經文在無邊處不安，帶電的
神聖字體
喃喃之意義，請照顧自己

請離開自己
別讓十三枚炸彈一起朗誦

曾經，不，經常
一切苦厄渡一艘小紙船
魚雁摺的一艘小紙船搖搖晃晃

你還好嗎波浪叫著你還好嗎
翻滾得愈來愈怒濤的人啊
人人都是自己

自己就是世界，經常，
不是曾經。
在一片槍聲中，今夜
憂鬱來安頓你

靠近耶誕節、靠近雪

靠近手機的一則簡訊，曾經
不，經常
恐怖

李進文的〈黑色之日〉。（註一）寫的是現今這個天下、這個社會、這社會裡的現狀，是詩人所見「黑色之日」。不是只有一天黑，實在是天天黑，沒有一天不黑，天天都在亂，沒有一天不亂，這是我們現今身處在台獨偽政權的社會現狀！

不論你是詩人或非詩人，你天天活在這種社會，怎麼受得了！怎能不發神經？怎能不得精神分裂。天下已亂，人與人之間失去愛，只有懷疑和鬥爭，每個夜晚都是「被快樂棄置在一個小角落……憂鬱來安頓你……經／恐怖」。台獨偽政權使台灣沈淪到這個地步，政治只剩鬥爭和貪腐，權力只用在謀殺政敵和奪取利益，只有統一可以挽救這個社會，統一才能澈底清除這裡的毒素。賞讀一首小詩〈罪與罰〉。（註二）

打發作廢的身體去選舉
讓你民主
民主躺在左臉等右臉打一下
一下子心靈從麵包瘦到愛情

我們住的股市靠海邊
應該落日卻等來檸檬
叫世界心酸

以前被美帝宣傳成普世價值的「民主政治」，現在叫世界心酸，選舉使得人人「身體作廢」，成為「無腦的人民」。這就是民主政治，只是包著蜜糖的可怕毒藥。

「民主政治」的真面目漸漸被人揭發，原來充滿著種族歧視，西方民主發展是建立在許多大屠殺的基礎上。被美帝宣傳成「英雄、民主典範」的華盛頓、傑佛遜等，黑歷史被挖出來後，竟都是買賣黑人的「企業家」，更是領導屠殺原住民的「英雄」。

西方民主政治制度已接近末日（仔細看美國社會就是證據，其他美式民主之國也差不多。）未來，救台灣、救世界、救人類，必是「中國式民主政治」，不信者，你往下慢慢看，好好去觀察，將信吾所言，真實不虛！

註　釋

註一　李進文，〈黑色之日〉，《創世紀》一八六期（台北：創世紀詩雜誌社，二〇一六年三月），頁六一。

註二　李進文，〈罪與罰〉，《創世紀》一五六期（台北：創世紀詩雜誌社，二〇〇八年九月），頁一一三。

龔華

龔華在《創世紀》一七九期，以〈詩人〉為大主題，下有分四個小主題的短詩，應該都是懷念父親薛林的作品。本文選讀其中兩首：（註一）

布穀

病床上
你喉間發出的咕咕聲響
播滿了整座巨塔

依然飛不出去啊
卡在那一扇永遠關不攏的
白色窗口

依然惦記著布穀鳥的催耕
你仍日夜唱著
布穀啊　布穀

溺愛

已成一種任性
你溺愛泛黃的時光
開倒檔的「五月」
抗戰史詩的「愛的故事」
一九五六的「聖夜」
全為趕搭遲來了六十六年的
歸鄉「帆影」

薛林，本名龔建軍，四川萬縣（今雲陽）人，一九二三年五月十八日生，二〇一三年九月十一日辭世，享壽九十一歲。他所創辦的刊物，相信很多人尚有記憶。

按龔華在詩後有註說明，薛林是《布穀鳥兒童詩學季刊》創辦人之一，《小白屋幼兒詩苑》創辦人。《詩壇》詩刊於一九八九年詩人節創刊，薛林是創辦人之一，但只發行一期即因故停刊。

〈五月〉、《愛的故事》、《聖夜》和《帆影》，分別是薛林的詩刊和詩集名稱。龔華的詩對父親是永遠的懷念，也彰顯父親一生的文學事業，孝順知恩的女兒，可敬可佩！

賞讀〈夢逝〉。（註二）

失溫的床沿
夢
再也難以靠岸

美麗的繭
從此漂流彼岸
為　等待
孵化的春天

而季節總是不來
如三月的淚腺
早已枯萎

據說，地球上百千萬億種生物，只有人類會做夢，而且在不斷追求實現夢想。所以人人都有許多夢，大人物做大夢，小人物做小夢，但能圓夢者幾稀，絕大部份人的夢，十夢有九夢是破滅的。

詩人是最能做夢的人種，每一首詩可以說就是一個夢。〈夢逝〉是詩人某一個夢的結局，所謂人生不如意十之八九，幸好詩人無懼夢逝，一個夢逝去，可以再「孵化」另一個夢。也許新夢就是新的春天，若季節不來，只好慢慢等待，在等待中織夢也是慢活過日子的好辦法。

註　釋

註一　龔華，〈布穀〉、〈溺愛〉，《創世紀》一七九期（台北：創世紀詩雜誌社，二〇一四年六月），頁一二六。

註二　龔華，〈夢逝〉，《創世紀》一七〇期（台北：創世紀詩雜誌社，二〇一二年三月），頁一三一。

紫　鵑

騙　子

那裡一堆
好鬥激情魚

吃吧

你媚俗揶揄著人群
笑罵天上月亮
太荒涼

我托腮
低頭
安靜
啃

一條
魚

心海處
血脈搏動怒吼

眼前骨刺
何其無辜

你縱情豪飲
趁星星打哈欠
趁筷碟墮落之際
悄悄遞來
深夜夢境游來的
魚

煙霧酒氣

不。

動。

聲。

色。

這是紫鵑的〈騙子〉一詩。（註一）紫鵑的詩在形式安排上很有特色。一者短句多，甚至一字、兩字一行，視覺感受很精簡，好像詩人過著「極簡風格」的人。再者如「魚」、「吃吧」和「煙霧酒氣」，都成為獨立的一段，與其他各段產生連接，獨立中仍有統一感。

詩題是「騙子」，但整首詩從頭到尾，未見到騙子，連影子也沒有。這是很深的暗示，很寬的跳接，「激情好鬥的魚」是不是騙子？就由大家發揮想像力。騙與被騙的兩造，若都「不。動。聲。色」，誰會被騙就不得而知了！賞讀〈憑弔〉。（註二）

草書

一陣疾風

抛向

押韻的島嶼
最南端

垂　釣　大　海

在憑弔什麼？古跡或古戰場？似乎都不是，在島嶼最南端憑弔大海——垂釣大海。詩人好像很緊急，如一陣疾風趕到島嶼最南端，那裡定有使詩人感傷的事！

在《創世紀》一八二期，紫鵑尚有幾首小品，〈穿上讚美衣的人〉、〈黃昏的線條〉、〈旅途〉等，風格都類似，詞句極簡，暗示很深，想像力寬廣！

註　釋

註一　紫鵑，〈騙子〉，《創世紀》一九七期（台北：創世紀詩雜誌社，二〇一八年十二月），頁一一九。

註二　紫鵑，〈憑弔〉，《創世紀》一八二期（台北：創世紀詩雜誌社，二〇一五年三月），頁一〇九。

古月

誓言（註一）

信誓旦旦　詩的
愛情的誓言
如同陽台的曇花
借燈光或星光
才能浮現的輪廓
像夜空絢爛的煙火
瞬間失去聲息
熱度退去　甜醇
還會永續下去嗎？

窗外矗立的大樓處
曾經的滄海桑田

在車水馬龍的陣仗中
早已忘了成為潮或浪
成為沙洲或綠堤
在冷冽如金屬的色度裡
想聽雪花飄落的聲音
尋找山遙路遠的記憶
一個彩虹包紮的夢囈

城市的夜晚
比白晝更易說出口的愛
是一杯咖啡的濃郁
對愛的飢渴
是燈光下流竄的欲望
冷卻後的暗沉
慵懶如貓的眼隙
無法閃爍明天的陽光

在講速食的今日
青天蔚藍依舊
在你早秋的臉上
有墮落天使的悲傷
明知愛情只是詩的語言
仍在雲水間　守候
守候心中不瞬離的
誓言

「**明知愛情只是詩的語言**」。何謂「詩的語言」？或何謂詩語言？例如「白髮三千丈、黃河之水天上來」，還有流行歌〈愛你一萬年〉等，都是「詩語言」。說好聽些，詩語言就高度想像力之語言，只存在於理想（幻想、夢中）之中，在真實社會、人際，都是不存在的。

說不好聽些，詩語言就像「合法的廣告、魔術、騙術」，騙死人不償命的語言。所以這種語言通常極為感動，就像你對一個女人說「愛妳一萬年」，她定感動萬分。詩語言既然只是「假的、騙人的」，為何還能叫人感動，因為假是「科學語言」的假，但有「文學語言」的真，這是詩語言讓人感動的地方。

〈誓言〉一詩，是詩人對現代社會人們愛情觀的解剖。至於愛情是不是詩語言？這是恆無定論的事。如果你問徐志摩，他在〈致梁實秋的信〉說：「我們靠著活命的是愛情、敬仰和希望。」

甚至他在《愛眉小札》更說：「戀愛是生命的中心與精華；戀愛的成功是生命的成功，戀愛的失敗，是生命的失敗，這是不容疑義的。」（註二）讀者以為呢？賞讀〈飛去的小鳥〉。（註三）

由於孤獨　他的心
似陰暗濕漉角落裡
被遺棄的舊傢具
糾結的蜘蛛網
增添了衰老的氣息

也曾在閃亮迷濛的都市
用澎湃的激情
見證一段歲月　然而
美麗的情節　如同

美麗的夢
只有瞬間　沒有以後
以後　只剩下回憶
回憶是糾纏不放的小鳥
好不容易向別處飛去
醉後　唱著太陽下山的歌謠
又飛回來了
回到他溫暖　又
冷洌的心窩

每個人都是一隻小鳥，人人心中也有很多「小鳥」，每日都在「想飛」，有的真的「起飛了」，成為天空中一隻「大鵬鳥」；有的起飛後「失事」，有的尚未起飛身先死，總使小鳥淚滿襟，這就是現實人生。

詩人是完成起飛壯舉的小鳥，且已「**用澎湃的激情／見證一段歲月**」。如今只剩回憶，至少是曾經擁有，回憶是一隻隻飛來又飛去的小鳥，會一直住在溫暖的心窩！

註釋

註一　古月，〈誓言〉，《創世紀》一七〇期（台北：創世紀詩雜誌社，二〇一二年三月），頁一四七。

註二　金尚浩，《中國早期三大新詩人研究》（台北：文史哲出版社，民國八十九年七月）。詳見第三章第四節。

註三　，〈飛去的小鳥〉，《創世紀》一五六期（台北：創世紀詩雜誌社，二〇〇八年九月），頁一四二。

張堃

張堃（本名張臺坤），據聞他是搞國際貿易的，經常旅行於世界各國，作品有漂泊旅人的特質。商人和詩人是兩種不同風格的人，二者很難成為「一個人」，本文賞讀他幾首小品，〈利玉芳（一九五二——）〉。（註一）

藍布衫女子
擦身而過
身影消失在
淡飲洛神花茶的早晨
一句拉長尾音的客家山歌
戛然止於我的想像之中

回過神來
仔細讀她的詩
始知想像歸想像
活的滋味

卻無法憑空幻想
唯有真的去哭去笑

8.26.2011，Tracy, CA

想要真正了解一個女子，「**唯有眞的去哭去笑**」，不能憑空想像。這是當然，去哭去笑之意，就是真的和她拉近距離，產生真感情（愛情或有私誼的友情）；若僅有「公誼」，沒有「私誼」，是無法真正了解一個人的，因為人在公誼（公共場合的聯誼），所見都是「面具」。賞讀〈墨韻（一九五六——）〉。（註二）

話不多又輕聲細語
聽不出江浙口音
卻有水鄉女子的神韻
聆聽她朗誦
有如一句句評彈唱腔
從戲團裡高亢傳出
而讀她的詩
她常有崑曲伴奏的幻境

比方說，放聲誦唱秋泛
低音到帶得蘆濤滿袖風之處
一支蘇笛
就隱隱約約地響起了

7.25.2011, Tracy, CA

在《創世紀》一七〇期，張堃有〈人物素描五幅〉，是五位現代女詩人的側寫：陳育虹、利玉芳、夏宇、墨韻、隱匿。本文選讀其中二者。

我們中國古來就是多民族組成的大國，因地大物博人眾，各地區就發展出「不同特色的女子」。例如，說藍布衫女子必是客家姑娘，說有水鄉神韻必是江浙美女，意象鮮明，容易區別。而陳育虹、夏宇和隱匿三位女詩人，詩寫了她們的情性風格，可能都是漢族。賞讀〈走在澳門的巷弄中〉。（註三）

我走進
一段遙遠的時光之中
風從清末輕輕吹來
陽光由民初斜斜射下

我走過
未經剪接的紀錄片
沒有旁白
也沒有配樂
只有我的鞋聲
踩響
終將被遺忘的瞬間

清末、民初，時光立刻被拉回到一百多年前，暗示這澳門巷弄裡仍是古色古香，而且安靜，所以只能聽到自己的鞋聲。然而，這鞋聲是現在當下，瞬間也成歷史。

據聞，現在的澳門發了，是大發了。其人均所得排名世界第一（或二），顯示「一國兩制」的大成功，台灣應快回歸統一！

註　釋

註一　張堃，〈利玉芳（一九五二——）〉，《創世紀》（台北：創世紀詩雜誌社，二○一二年二月），頁一五○。

註二　張堃，〈墨韻（一九五六——）〉，同註一，頁一五一。

註三　張堃，〈走在澳門的巷弄中〉，《創世紀》一七四期（台北：創世紀詩雜誌社，二○一三年三月），頁一一○。

第三篇《海星》詩刊

《海星》詩刊是很年輕的詩刊，筆者手上兩期文本是21期（二〇一六年九月）、22期（二〇一六年十二月），可見創刊沒幾年。以這兩期為準，《海星》詩刊社的同仁組織如次：

發行人：辛勤
主　編：莫云
編　委：馬玉紅、也思、吳翔逸、涂沛宗、陳少、陳子雅、知秋、謝宛倩、古月月

經網路查尋，《海星》詩刊已公告，24期出刊（二〇一七年六月）後即休刊。該刊曾是台灣詩壇美麗的亮點，本篇選讀一些同仁作品有：莫云、辛勤、馬玉紅、也思、吳翔逸、陳子雅、知秋、謝宛倩、古月月。（註：引用詩人作品都在《海星》21、22期，不另註釋。）

莫　云

莫云，本名宋淑芬，台大中文系才女，曾在《秋水》詩屋與她有數面之緣，一個典雅的女詩人。《海星》詩刊在她努力下，誕生了，至少在台灣詩壇她曾亮麗數年，評價很好的詩刊，本文選讀莫云小品。

漫　漶——只有此刻，我可以零距離擁抱自己。

蝴蝶，醒來了嗎？

風翻越時間的沙丘
一口、一口
吞噬昨日的腳印

她俯身，撿拾
滿地碎裂的花瓣

一恍神，就踩疼了
自己
失語的影子
凋謝了嗎？
那隻褪色的，蝴……蝶……

註記：電影《我想念我自己》(Still Alice)，演繹早發性阿茲海默症患者的故事。

「蝴蝶醒來了嗎？」蝴蝶出現在詩歌，通常就暗示一種濛濛不清的如夢情境，到底自己化蝶飛舞，還是只是一夢。人生有許多狀況會有「漫漶」情境，不光是阿茲海默症患者。

但這首詩讀起來，也讓人有幾分驚悚，因為時間在一口、一口的「吞噬」每一個人。別以為自己還年輕，一恍神！阿茲海默就找上門了。人人有希望，個個沒把握！

賞讀〈烈燄〉。

烈　燄——是身如燄，從渴望愛生。——《維摩詰經》

△大暑

鳳凰花開
灼灼
一樹火鑄的蝶

△瞬間

眼中光影抽搐
心，閃燃
奮化灰燼

△貪嗔

一隻巨蟒
潛行夜的深淵
呑——吐——
赤燄熊熊的蛇信

大暑、瞬間、貪嗔三個小主題，看似與大主題「烈燄」無關，實則一體，大暑象徵人生的燦爛，但燦爛可在「瞬間」化成灰燼，因為貪嗔一起，便火燒功德林。

莫云對佛法深有所悟，引《維摩詰經》之言。此經對中國佛教，乃至中國文化，有廣泛深遠影響，此經思想特色有二：一者倡「唯心淨土」，二是主「亦出世亦入世」、「入世出世一而不二」。賞讀〈菩提，有樹〉。

鏡中
最後一粒塵埃隱匿……

風，翻動
禪定的葉片
陽光穿透心事明滅
開解
靈魂的暗釦

到底菩提有無樹？明鏡是不是臺？是心動？還是風動？都是千年有趣的話題，萬古亦少有人悟的命題。悟者自然能悟！不悟者把《六祖壇經》倒背如流，可能也未必能悟的澈底！

從〈漫漶〉、〈烈燄〉到〈菩是，有樹〉，像是作者人生觀的縮影，她必是在人生旅程中，從自身走過的經驗裡提煉出如是感懷。她又警示「是身如燄，從渴愛生。」她必成為一個自在的人，至於風動或心動！有樹或無樹！皆不住於心！

辛勤

我有些好奇，不知道辛勤是何方人物。問「古哥」資料極少，只找到辛勤年輕時浪漫，年長後多滄桑，是五段棋士，從未間斷過閱讀。兩期《海星》，他只有兩首微型詩。賞讀〈渴〉。

堅持守著
奄奄一息的冷灶
等待
那壺燒不開的
水

很深的暗示，「水」為什麼一直燒不開？熱不起來！一直是冷的！渴啊！想要得不到，苦啊。這就是人生，就是現實，越得不到的，越渴！另一首〈最初〉。

被時間遺忘了
千年、再千年
憂傷的化石，收藏著
歲月磨擦的風聲

只有化石可以收藏「最初」，經萬年、億年仍「不忘初心」，因為「**歲月磨擦的風聲**」已永恆得以保存。就別憂傷了！

馬玉紅

馬玉紅似乎也善長於極短小詩，在兩期《海星》中，都是五行內，三、四行最多。如〈天〉。

時間，是宇宙中最長的一把尺

沒有它，我們無法區分
年、月、日
以及分與秒間的
最小單位

假如沒有時間多好，就沒有瞬間和永恆的區分，眾生都沒有年齡，不知是怎樣景像的世界。時間是宇宙最長的尺嗎？問愛因斯坦，他說時間是假相。賞讀〈原子筆〉。

我有一口井，暗藏各種情緒
水源還算豐沛
必要時，我習慣用它
洩漏一點點
蒼白的心事

把原子筆想像成一口井，不論形像具像或意象，都可以連接，人的喜怒哀樂經由它，一點一點洩漏。是不是蒼白的心事就不一定了，也可以是彩色的快樂。欣賞一隻〈蝶〉。

時間很輕，彷彿指尖上的一隻粉蝶
索性多索取一些顏色
記錄一瓣一瓣
寂寞開落的聲音

要索取顏色是蝶還是時間？一瓣一瓣通常是花瓣，屬於視覺和觸覺，寂寞是內心的感覺，開落不會產生聽覺。詩人把各種感覺系統，全都打通了。欣賞〈貓〉。

蜷伏於不完整的夜色
未經説明的來意，趁黑直入
一隻貓的叫聲裡裝得全是
……思念

貓的叫聲是無意義的，人類不會懂得貓的語言。所有的意義都是人的意識。也隨著每個人不同情緒、心境，聽貓叫聲感覺就不一樣，此刻詩人有很多思念，就覺得貓也在思念。

貓，在思念誰呢？定是另一隻異性貓吧！

也思

木瓜詩

植一抹曦光
野浪的鳥兒饑餓
暗影裡探出一截斜塔
通衢大道伸出毯
新生的翠露白花苞
該旋吻就自然靦腆
時光鏽蝕的尖鏃　刺穿
刮破皮膚層塩晶
春水的小溪氾濫了
弦弓舒綿觸摩
填滿了你的皺紋

也思的〈木瓜詩〉，讀不出和「木瓜」有關，整首詩十一行也好像沒有連接。這會不會是最新世代發展出來的「新新詩」？不得而知。看另一首〈觀旅笠道中〉。

我們繫大笠道傍
吸取更多艷陽
命運非關骰子
任榮任枯
最忠實的伴侶
風為媒
育衍萬子
沒有豪奪便沒有失去
以少為多
以此為行
黑暗是自己　光明也是自己
濁浪塵滾滾
亦是心安

「旅笠道中」本是倭人國的一首歌，翻唱成台語歌是〈難忘的人〉。說到倭國，我就生大氣，余此生以宣揚消滅倭國為中國人之天命。本世紀內倭國未亡於吾國，必亡於天災（列島全部沈沒）！這是倭人造惡的報應！

〈觀旅笠道中〉一詩尚可解，算是有邏輯的表達了詩人的想法。「**命運非關骰子／任榮任枯……以少爲多／以止爲行／黑暗是自己　光明也是自己／濁浪塵滾滾／亦是心安**。」這是很好的詩語言，也是清楚明白的表達一種觀點。

是不是詩人觀〈旅笠道中〉這首歌後，表達的觀點？不得而知。也許和歌無關！現代新詩難解其全！

吳翔逸

畫圓

酒中看不到米，但米在其中。——詩人洛夫

奔逐之中，
蒼鹿穿入記憶斷層，
視線一應透明。

因著本能，
見米，見酒，見詩。

為了存續，
喫米，飲酒，嗑詩。

愛染體驗，
貪米，暢酒，縱詩。

離形坐忘，
墮米，黜酒，悟詩。
自此兜圈畫圓，
涉米而過，涉酒而過，涉詩而過。
日行五百里，
六親不識，最後涉家而過

酒中看不到米，但米在其中。這世界很多東西存在其中，多數人看不到，空間裡看不到靈魂，但靈魂在其中。現在人所吃的食物，裡面都有農藥，防腐等無數種有害添加物，但人們都看不到。

推而廣之，台獨偽政權在台灣搞「去中國化」，現在台灣地區的教育系統、媒體，乃至空氣，全都散播著「獨（毒）」害，毒害了所有年輕世代。但絕大多數人，看不到這種可怕的毒物，因為呆丸郎已習慣「吃毒」，直到島嶼淪亡（被統一），終於才得救！

吳翔逸這首詩，借此一理念層層深入，透過米、酒、詩三個概念，由淺入深，最終解放。例如，見詩↓嗑詩↓縱詩↓悟詩，最終有所領悟。

但最後六親不識，涉家而過，則不知所云。難到詩人到了大禹的境界，甚至超越，六過家門而不入！

陳子雅

殘稿

蓄集樂音在夢境
盛夏若火
自夜雲深處燒破
無數燙金的流箭四散
驅趕種種獸伏之星座
樂音從醒寐後淡出，逐漸無聲

於是獨坐
在清晨書房裡
將此生攤伏在案任憑
一支支尖銳的熱灼傷並穿透
將樂音再次喚回我的體內

傷口結痂，是殘餘
總能窺見生活的全貌

陳子雅的〈殘稿〉，抒發人生孤寂的樂音，眾生都是千山獨行，難有知音相伴。有話只能醒寐後說給自己的詩聽，或書房裡眾多的書聽。

獨坐書房，自說自話間，一首詩於焉完成。有些事難免感傷，人生有很多缺，圓和缺相加，才是生活的全貌。

知　秋

鄉愁是我們相依的連繫

以洪荒的肺走入，史前精神
大洪水可曾留下行蹤？
夜裡的山雨聲是先人震顫底心頻
披上獸皮，纏上腰刀

山林是先人的山林？
縱奔的瀑流是先人底瀑流？
我的眼目所見可是先人的眼目所見？

是先人的腳步愈行愈遠？
或是我們的眼耳蒙塵生翳？
歸家底路後退成荒煙蔓草
雲豹滅了跡，勇士的刀在鞘中鈍成鏽鐵

讚美歌散成了空谷中的回音
鄉愁可是我們唯一相依的連繫？

父母、祖居或自己的出生家庭，總是讓人依戀，一輩子有一種感情的連繫。此種連繫之所以能恆久不斷，來自文化和血緣兩種力量的鞏固，這也是台獨偽政權最害怕的兩種力道，用「去中國化」來破壞這種連繫。

但這首詩只是對原住民祖居地的依戀，只是不同層次的鄉愁。時間是一切的殺手，遠離故鄉日久，甚至百年，連繫就越弱，或眼耳蒙塵（政治洗腦等原因），甚至可能「斷絕」連繫。例如，很多台獨份子明明是貨真價實的炎黃子孫中國人，卻為政治利益否認了自己的列祖列宗，斷絕了文化和血緣關係，可痛！賞讀另一首〈閱讀筆記——旁觀者〉。

狗抬起後腳，對準輪胎
以生殖器發動一場階級戰
一隻嗡鳴的蒼蠅低空飛過

蹲坐在泥流裡的石頭
千夫一指它說：合流同污
它以緘默靜訴：濁者自濁

熾熱的太陽對萬物投下無差別的光
陰影也無私的衡量萬物該承受的消長
受奴役的心終於擺脫自由之路

將魚鰭還回大海
荷起鋤頭，讓枯井重現天光

「荷起鋤頭，讓枯井重現天光」。這其實是白做工，枯井之所以成為枯井，是水源沒了，加以空間受限，永遠也沒有機會重現天光。詩人當然是知道，所以這是一個反諷，如「**將魚鰭還回大海**」也是白做工。像是對詩人所處現今台灣社會的反諷，如搞台獨、進聯合國等，智者皆知是假議題、白做工，卻很多人相信。

從第一段看，就明顯反諷台灣政局獨派一些常念「三字經」幹話的民意代表。這些下三流中毒太深的人，確實經常為政治利益「以生殖器發動階級戰」，呆丸郎喜歡！去中國化後，回到石器時代的島嶼，失去文明文化，就只剩下生殖器可以拿出來把玩！

謝宛倩

以鄉爲岸

在矮房的另一邊
僅有貓的步行與

單車行進的可容寬度
那是前往圖書館的捷徑
登上頂樓即可一覽
被橘紅覆蓋一地的黃昏
而風嘯伸手一把將我攬進鳥鳴
為我的思緒抹上適度愁鬱
夜晚無故添增的多慮
似需一些適量的酒液來澆熄
相形於對抗寂寞的喧囂
漫步小徑與其進行適切言談
是讓我感到得以歸岸的
鄉間恬淡

鄉間老家是永遠的眷戀，這也是一種鄉愁，相信現在有點年紀的人，都有這種老家的依戀。早年台灣仍是農業時代社會，許多人前往城市打拼並成家立業，但他最近的「根」仍在鄉下那個老家。

這首詩把鄉間老家寫得很美，「**被橘紅覆蓋一地的黃昏／而風嘯伸手一把將我攬進**

鳥鳴……」。難怪詩人以鄉為岸，靠岸了就是回家，是父母也是自己的家。賞讀〈造船的後代〉。

在參觀現場演出的諾亞方舟後
決心寫信給遙遠的後代
預告必須在末日來臨前一百二十年
展開家族的造船廠事業
屆時能登上船的人們
將成為未來再未來裡
開創新世紀的一群

造船的後代
必得保持謹慎的眼睛
善良清澈與公正的心
不被恐懼感干擾
不屈服強勢的阻撓
假若發現新時代的思想發明家

即便讓位也毫不遲疑
只要他確保在製造燈絲時
能鼓吹繪畫與詩歌的同部進行
那麼我親愛的子孫的犧牲
就帶來承先啓後的意義

「地球第六次大滅絕」，活在現代的所有成年人，尤其有點現代知識的人，一定聽過科學家經常講的，似乎也快要發生的地球大滅絕。「大滅絕」發生時，地球上沒有任何地方是可以安全生活的，所有生物大概就全部死光光，什麼方舟也無救了！

所以，諾亞方舟必是一種新的東西，不是航行在地船上的船，而是航行在宇宙深空，飛向月球、火星或其他星球的太空船。目前各大國科學家都在努力，希望來得及在「第六次大滅絕」前，將人類移住安全星球。

按〈造船的後代〉一詩，必須在末日來臨前一百二十年，家族才開始展開造船事。到底一百二十年如何計算出來？何時才是末日？難到就留給讀者去想像！不過詩人還是可敬，想得很深遠。

古月

鉛筆盒

盒內靜臥的每一筆話題
都有被描述割傷的長短句
是否在引諭擦亮的指尖
仍有未及邂逅的你

〈鉛筆盒〉，很常見的詩題，童詩較多，各有不同表達。這首詩使臥在盒內的每一支筆成為「話題」，瞬間就熱鬧起來，大家就開始聊起八卦。再一首〈公車〉。

拉環聯結續杯的瞌睡
搖晃的夢在十三號公路不斷輪迴
方向盤總是轉不出票根的陰謀
我和章戳上的日期一直錯過

只聽見鐘聲
已在街角敲出大面積的軟弱

對於公車形像或意涵的彰顯，不夠鮮明，第一和尾行所述為何事？好像也和公車無關。另一首〈骰子〉。

朝上的都是夜晚
而你的聲音
被禁錮在
還沒翻開的那一面

那一面
已走失了白天

很有特色的詩，本來朝上才是白天（看得清楚），而沒翻開那一面才是夜晚（看不到），因為看不到（得不到），大家就更想看（得）到，這是心理作用。賞讀〈盲與忙〉。

卡繆的字體擅於審判
我自悠閒的筆劃裡被釋放
只留下幽囚的兩行

盲與忙

從卡繆的字體，跳接到盲與忙，不得不說詩人想像太寬了。這就是現在中國新詩發展至今，尤其是台灣地區，很多詩作都流行這種不易理解的邏輯。無論如何！是現代文學的一部份，不知往何種方式、方向走！

第四篇《薪火》詩社

《薪火》詩社（刊），創刊於民國七十六年三月十五日，筆者手上只有一本方飛白提供的第十五期（台北：民83年4月）。該期已公告停用通訊處，大概停刊了。按第十五期，他們同仁組織如下：

社長：顏艾琳

主編：顏艾琳

編審：顏艾琳、唐魂、方飛白

美編：東方未明、紫雲

同仁：飄渡、簡夏、殷昭文、劉健生、蘇蘇、林群盛、陳德欽、靜文、尚瑞鳳、鄧秋彥、陳玫君、紫雲、李惠絨、傅連環、轆轆、唐魂、顏艾琳、顏冠群、徐大、方飛白、林文貴、張璇、郭文達、張遠謀、趙荃、雨寒、廖文煌。

本篇選讀方飛白、顏艾琳、鄧秋彥、林群盛、紫雲、張璇等詩人作品。

方飛白

我所認識的詩人朋友中，最浪漫、最有漂泊感、最樂於為愛情付出的，就是方飛白。他著有詩集《青春路歸何處》、《紅海飄泊紅玫瑰》、《阿拉伯的天空》。賞讀他的作品〈火焰精靈——她的靈魂是火焰化身的精靈〉。

在夜色裡　冷冷清清
火焰悄悄醒來　眨眨眼睛
（妳美麗的眼睛是否能把世界看清？）

在夜色裡　安安靜靜
火焰婷婷玉立　搖搖身影
（妳秀麗的身影是否能為命運造形？）

在黑暗中　火焰閃爍不定

那是妳真實的魂靈
在黑暗中　火焰淚光不停
那是妳變幻的激情
何時才能找到平靜
何時才能回歸安寧

火焰紅燭　映照妳的笑顏
也映照妳的柔情纏綿

火焰紅燭　燃起夜的輕霧
也燃亮妳的紅塵心事

西方有一個學派（佛洛伊德為代表），稱「性」（Sex）是文學乃至創造力的動力，這個動力叫 Libido（中文譯生命力、性的慾望等）。而最能代表這種動力，就是一個美麗多情的女人，才有「致命的吸引力」，使得詩人為她創作寫詩贊頌，願意為她付出一切。另一首〈憂鬱是千層黑色的冬眠〉。

黑色的地底

寂靜的深冬
一隻小小的蛹
擁抱自己心中的激情與血紅
冥想著關於憂鬱的一切
心思飛騰澎湃
孤獨如海湧來
一顆小小的心
便凝聚為黑色的岩石
雖然靜止
永遠不死

方飛白在阿拉伯各國飄泊數十年，流浪已經是他的生活常態，數十年浪跡天涯，女人不是經常有，愛情又不長久。大多時候，千山獨行，孤獨如海是難免，他的作品有很多黑色意象，可能和阿拉伯的神秘感有關。賞讀他的一首譯詩，〈佛弟子之舞〉。

我們觀看舞蹈
心神為之震動悚然
看那舞者如肉體

敘述者如靈魂
而遺失給菩薩的誘惑
又回到我們身上

這是方飛白譯，泰國詩人蒙特利・烏瑪維嘉尼（Montri Umavijani）的作品，蒙特利遊印度、斯里蘭卡所見詩作。對於信仰大乘正信佛教的我，不懂為什麼要跳這種「不雅」之舞給菩薩看。

佛教經二千多年傳播，有南傳、北傳和藏傳的區分，藏傳又分很多派。而北傳到了倭人國，和尚竟可娶妻吃肉，這也太不正當了！

顏艾琳

度冬的情獸

冬天的時候
我們窩在棉被的巢裡，
獸一般地取暖。
親愛的小孩，

你貪心地吸吮我的乳房
含糊而濕濡地說
：「你的雙乳很原始、
　　你的奶頭很古典、
　你的體溫很東方……」
是的，我們的臥姿
是洪荒時期取火的動作，
藉由摩擦和不斷地鑽抽
來燃燒自己的文明。

親愛的小孩，
睡意來襲之前
我們都是「更新世」的野獸，
還在渴望著直立的生活

但，我們還是蜷躺著吧！
用肉體建築最初的洞穴，
潛躲我們害羞而不可告人的進化

這是做愛頌詩兼人類性活演化史，現在我們習稱「性愛」或「做愛」。但在幾萬年前，「愛」尚未演化出來，更無所謂「害羞」，一切都是本能行事，那時是不是只有「性」沒有「愛」？賞讀另一首〈水性——女子但書〉。

「道德是一件易脫的內衣，」
「不過是貼己的褻物而已。」

沐

年輕時就被慾望浸濕過的胴體
像株害羞的植物，
只盡在自身裡演化著年齡，
而遲遲不肯結些果子
即使花季逐年凋零
今年的花一如去歲的容顏，
仍將貞操再次複製。

潮

日子剛過去，
經血沖洗過的子宮
現在很虛無地鬧著飢餓；
沒有守寡的卵子
也沒有來訪的精子。
只剩一個
吊在腹腔下方的空巢，
無父無母、
無子無孫。

渡

很早很早的早晨
是
很晚很晚的黑夜

欲望在雙乳之間擱淺
很無趣地擺盪著；
從非常遠的早晨
擺渡到非常近的晚上，
反反覆覆
早早晚晚

這是詩人對現代社會人們遵守性愛道德標準的觀察嗎？詩人對性愛也要有深刻特到的見解，才能寫出這麼有趣的作品。在致命吸引力面前，道德只是一件褻衣！**「欲望在雙乳之間擱淺／很無趣地擺盪著……」**這是多麼真實的做愛過程詩寫，「擱淺」二字用得比較含蓄。

鄧秋彥

車禍目擊

那聲音
在輪胎按下指紋，燈號

眨眼的剎那
摔碎了
淌血的小河
靜靜流過路人語言的速描
斑馬線上
我和壓克力招牌無異眾生的表情
仰望一株大廈的成長

原刊〈台灣時報〉

幾乎每日在各大小城市或各道路，都可以看到的場景，發生車禍，但車水馬龍或路人絕大多數照常自己的行程，似乎是一種冷漠，這是現代社會的常態。大家的心態，反正有人會處理，警察和救護車馬上來了！賞讀〈徐霞客〉。

沒有人知道那天的你為何沈默了一個下午
喝數升酒
詩也不吟一首

在落葉鋪成的席旁擱著幾卷輿地志
枕臥一本山海圖經
時而興起，時而假寐
似乎要把每朵遠遊的雲
都倒映在浩淼如震澤的眼睛裡
於是你決定將天下收藏在左手的袖圖中
朝碧海而暮暮梧
千仞峭壁不過等高線上蹙眉之隔
及腰的大雪那只是額角必須經歷的風霜
年過半日仍然跋涉西南
僧死、僕逃、遇盜、絕糧
瘦了病體卻瘦不下年少時輕狂的夢
執意用自己孱弱的腳印寫作
將一生功過
埋骨於不可知的蒼茫
或許你也曾攀至歲月的頂峰
極目四望

湖海之外更有湖海
群山之外更有群山

原載《台灣時報》、《明道文藝》一八八期
香港《詩雙月刊》十七期

大名頂頂、大旅行家、大探險家徐霞客（一五八七——一六四一年）。他也是地理學家、文學家，中國之「千古奇人」，《徐霞客遊記》是他一生最大成就，被稱「明末社會百科全書」。他用雙腳走遍我國二十一省，幾乎是當時的全中國，可敬！

筆者一向主張，人生只要集中火力做好一件事就夠了。（詳見《這一世只做好一件事》（文史哲出版，二〇二一年九月）），就像徐霞客用雙腳走遍當時的「天下」，他的人生便大大有賺，留名千秋！且每個世代都有詩人贊頌他！

林群盛

虹　獸

有獸焉
其狀如雲

食霧而虹生

接著　像只在神話
才有的奇獸　我
不停造虹　直到
天空積滿了虹
我仍想再造給妳看

（就算在極地　妳
仍可眺見彼此推擠的
大片彩虹　是如何
被喚作極光）

如果妳終於看到了

如果這時降下的淚
有人認為是雨……

虹是常見的詩題，但以獸形容虹應是千古第一，「**其狀如雲／食霧而虹生**」也很貼切，使這隻虹獸鮮活了起來。但接下來，虹獸是什麼？為什麼？詩人並沒有給出答案，答案在每位讀者心中。賞讀〈雨鴞〉。

有鳥焉
其狀告鴞
其音霎霎
而無足
見則大雨

羽狀的雨　浮在妳
記憶的窗檯上
妳　似乎聽見了
雨鴞的鳴聲
漣漪般在鞋旁渲開
失戀的傘蹲在雨中

傘柄只結著一個人的影子
成對的約定被雨景泡得
越來越淡
雨鵠遠去的身影在妳藍色的
瞳中聚湧成漣漪
溢出整天空的雨水
而妳堅持　這不是淚
至少　不是悲傷的……

「鵠」字有多種念法和含義。念ㄍㄨˇ是天鵝，念ㄏㄨˊ是射擊之目標，引伸為志向，如鴻鵠之志。但這首詩第一行已指名「有鳥」，其狀如鵠，大約就是鳥類之一種，如天鵝。

但接下來，中間最長一段，雨鵠則只是雨，浮在某一位女人心上的記憶。所以整首詩之意涵，就是詩人在雨天時回憶和「前女友」的段情，這鵠是雨也是淚，或都不是！看各方心境！

紫　雲

長恨歌

輕盈的愛撫
吹彈欲破的肌膚
讓玄宗的愛從此監禁
一潭乳白的華清池
溫泉受到莫大的恩寵
依附在白肉透紅的嬌柔的兩股間

性慾的綑綁
朕不早朝
纏繞著
妳是水我是魚的纏綿
玄宗留連在貴妃雍容的雙峰

兩人仔細緊貼
血肉不容許一絲空氣
也窒息了三千佳麗的春夢
一張雕龍畫鳳的床上的
呻吟
正是一場戰爭
廝殺，烽火

在舌尖漫燒
史思明撲滅了玄宗的乾柴烈火
慌亂　抓起床邊的衣袖
貴妃成了最重的包袱
遺棄時
還得吊在參天古木
美麗難道也是罪過

玄宗用淚鋪出一條絲路
引渡冥間怨婦
空談長生殿
遺下黏稠的春夢
恨
綿
綿……

把唐玄宗和楊貴妃的故事、安史之亂、馬嵬坡兵變與楊貴妃之死，用現代詩簡約表述，讀起來有不同的感受。這首詩把性愛肉慾的誘惑，加重了不少份量，好像性慾的綑綁，不光是綑綁了君王，更綑綁了一個時代，綑綁住一段歷史。

不得不說，性愛確實有強大的力量，讓男人不愛江山愛女人。詩人也在質疑，難道美麗也是罪過，這是千古無解的議題，為女人丟掉江山，中外史例很多，到底誰之過？賞讀〈生活之戰〉。

井字遊戲，你
永遠是○，我依舊

是✕
跳躍在九州之際，只思考於
如何包抄。

電視遊樂器，你
佔領著優勢，我卻
奮力過關
計謀在方寸之間，僅呈現出
滿場戰鬥

人生是一場戰鬥遊戲，人人都活在自己的世界，玩著自己喜歡的遊戲，這位詩人玩的是○✕遊戲。讀者如果看不懂，就看成是非題遊戲。

生命的過程，從懂事後到生命盡頭，我們每日月年都在做是非題的選項，有時選對了，佔有許多優勢。當然，若有計謀在方寸間，有更多機會成為優勝者！

爲了

張　璇

為了方便遠行　依賴不帶
為了方便奔跑　逃避不帶

為了方便登高　畏懼不帶
為了方便改變　習慣不帶

為了方便心情　懷念不帶
為了方便新傷　舊疼不帶

為了方便難題　預設不帶
為了方便　你　擔憂不帶

通常所謂帶或不帶，是指某種有形質的「東西」，例如皮包不帶。但這詩的不帶，都是抽象概念，依賴、畏懼、習慣、預設等，這是一個小小的創新。

詩的意涵在說「為了」做什麼?須有做什麼的「準備」。例如，為了登高，就得準備把「畏懼」留下；為了改變（創新），就得打破習慣。賞讀〈無題三則〉。

一

推移著心思
來到迷困的山腳
雨　奔走在飄落的時間
生出一個銹了的清晨

二

自由的尾端
仍有引力的牽引

三

悲傷是一種養份

等待也好　沈穩也好
總要一點支撐行走的體能

大約四十年前，我很欣賞一種東西，它的名字叫「自由主義」，若要解釋清楚，可能須要一本論文，今只暫時用「絕對自由」名之。經四十年觀察，我發現「自由主義」不存在，它只是許多學術人的「玩物」。無論如何自由，仍受引力牽引，完美自由不存在地球上。

第五篇《詩潮》社

《詩潮》詩刊在一九七七年五月到一九九四年十二月，共出版了七集，曾在當時「捲起千層浪」。二〇一七年間，為紀念創刊四十周年，又出版了紀念專刊，稱《詩潮》第八集。

本篇資料都引《詩潮》第八集（台北：詩潮社，二〇一七年五月一日）。按這集的同仁組織如下：

發行人：丁潁

總主編：高準

顧問委員：亞媺、耿榮水、詹澈、林家鍾、林華洲、何郡、邱振瑞、吳明興、黃光曙、彥一狐。

本篇賞讀丁潁、高準、亞媺、吳明興、黃光曙、彥一狐、詹澈，等各家詩作。

丁　潁

紀念七七抗戰

盧溝曉月下的槍聲
它揭開民族聖戰的序幕
使那頭亞洲睡獅猛然驚醒
千萬中華熱血兒女
前仆後繼奔走沙場無懼犧牲
我彷佛又看見手持武士刀
提著人頭在大街屠殺為樂的倭寇兵
大腹便便孕婦下體插著刺刀
躺臥血泊死去的母親猶懷抱哭嬰

一部人類史，即一部戰爭史
在那本大書裡記載著
赤壁、淝水……各種之戰

投鞭斷流，火燒連營
血，染紅了諾曼第的海灘
珍珠港畔血肉橫飛海水一片腥紅
還有什麼二月、十月大革命
自有人類，便有戰爭
一幕一幕上演著死亡與殺戮

自石斧石刀，鐵槍鋼砲的廝殺
——日本終於吃了原子彈
到一按電鈕核子武器的應用
戰爭越來越精密，越殘酷
如果我們還聽不見
天國近了要悔改的呼喚
地球遲早會毀滅於無形
一切回到無，從無到有
一個新世紀又開始愴涼地誕生

民國一〇一年七月於中國台灣省文化城

丁穎和亞媺是台灣文壇詩界著名的夫妻檔，亦吾之老友，幾年前丁穎去報到了。我寫了《欣賞亞媺現代詩——懷念丁穎中國心》一書（台北：文史哲出版社，二〇二一年十一月）。

但丁穎這首詩成了「人類戰爭史」，而欠缺「紀念七七抗戰」的核心意涵。再者，這首詩也欠缺針對性，針對倭人國入侵的禽獸行為，給予強烈批判。這個意見寄往西方極樂世界，不知丁穎大哥看後是否同感！

筆者著書立說，已在數十本書中宣揚中國人應於本世紀內，以核武消滅倭人國，收服該列島為中國之扶桑省。這是中國人之天命，而宣揚這個天命，是筆者今生之天命——我不入地獄，誰入地獄？

高　準

海盜旗飄揚的國家

——見近日報上所刊，一面骷髏白骨與海盜刀交叉的黑旗，
卻竟是美國侵伊的正式軍旗。

骷髏與海盜刀交叉的黑旗
竟是堂堂的正式軍旗！
這是怎樣的國家！

三十萬大軍遠渡重洋
去殺去搶去轟炸！
究竟是誰在大屠殺！

回想當年
是怎樣開闢這國家？
不也就是靠對紅人的屠殺！

回想當年
是怎樣發達這國家？
豈不就是靠對黑人的壓榨！

回想當年
是怎樣建設這國家？
還不是靠對華工的欺詐！
再回想是怎樣吞併那海上香山？
——先滲透得議席
就通過廢自己國家！
再想想是怎樣號稱援助越南？
——謀殺了首領
屠滅了千村萬户人家！
頂著最最動人的招牌：
——捍衛自由與人權
——民主正義與守法！
幹著最卑鄙的勾當：

——壟斷獨佔與搶劫！
——侵略吞併與謀殺！

我看憤怒的人還是選錯了目標
或者真該炸毀的
是那矗立港口的自由女神吧！

因為這樣的國家
這海盜旗飄揚的國家
實在是配不上擁有她！

二〇〇三年四月三日

原詩附有長註（詳見《詩潮》八集，一七七到一七九頁），本文從略。高準這首詩可謂把美國不可告人的「黑歷史」，再次攤在陽光下，爽啊！

美國的建國，可以說是地球上所有國家的建設過程中，最邪惡、最黑暗、最違反人性人權的國家。二百多年來，透過宣傳和洗腦，被世人當成「民主的燈塔」，人權之捍衛者，真是可笑之極！人多麼容易被洗腦！

揭開美國的黑歷史，他們的「先聖先賢」傑佛遜、華盛頓、弗蘭克林……他們的「偉大」，來自大量買賣黑人，屠殺印第安人奪取大片土地，因而成為「民主、人權」捍衛者。可悲！可笑！全人類的恥辱！

之後美國進行基礎大建設，全國鐵公路建設之完成，也是靠壓榨百萬中國民工。當是時，中國正處清末民初，內憂外患，大批子民四散，真是國家之不幸！亦人民更大不幸！

如今，終於中國崛起了！看看現在的中國大陸，政、軍、經、心各方面，有的早已超越美帝。中國人的世紀到了！台灣問題把它「框列」起，暫時不影響國家建設，但未來十到十五年內，吾國必完成統一，中國將成為世界第一強國！不信者往下看吧！

亞　嬿

夢迴新疆

夢
似流蘇彩虹

若隱若現，掛在
銀色的窗

魂夢無界，絲路馬蹄飛煙
驚喜、奧秘、神傷
在它懷裡我小心燃點
故鄉，煙花的燦爛

叩醒漂泊的詩畫
藍光夜空，我
多次忘情
眼眸裡星星如花

那年，走進靈性山水
禪夢暮暮朝朝
天山雪蓮，喀那斯湖
常駐天涯

今宵掀簾，微微風
又是新疆夢迴
又是琉璃夜輝
我，被包圍
深藍的閃電

亞媺，本名郭金鳳，在台灣地區中，對中華文化、中華民族、身為炎黃子孫、道地的中國人，都有著強烈認同感的著名女詩人。我在《欣賞亞媺現代詩——懷念丁穎中國心》一書，禮贊她是現代中國之「愛國女詩人」。

亞媺是詩人，也是畫家，她有不少以新疆風情為主題的詩和畫（可詳見《亞媺詩畫精選集》（台北：文史哲出版社，二〇二〇年十月））。新疆，是詩人的夢中天堂，我的夢中天堂，賞讀〈坎兒井〉。

帶著熱情的心來探訪
水歌如香雪綿綿

冰清玉潔水脈
孕育四季不凋的故事

親近妳的懷抱
我隱約看到銀光閃耀
擁抱四面八方旅人的回眸

縱橫交錯的坎兒井
妳是地下萬里長城
從漢代至今有二千多年歷史
妳是青春不老的甘泉

岩簷下說再會時
多像冷水花結詩不斷
融化的愛使記憶飛揚

大多世人只知中國有地上的萬里長城，不知另有一個「地下」萬里長城。這就是新疆的地下灌溉系統。因應新疆氣候日照的需要，從漢代開始，代代都有建設，將河道建立在地底下，以供民生和農業之用，這是神奇而偉大的工程，顯見中國人的智慧！

吳明興

老友吳明興是個奇才，是三個博士（醫學、文學、佛學）的學者。在他年輕時代（四十歲前），他更是現代中國著名的詩人，就已在海內外三百個以上期刊雜誌報章，發表過三千首以上現代詩。在《詩潮》第八期，他有〈三行體〉十首，此處賞讀幾首，〈招魂〉。

滿天的星斗為殘月招魂
痛切的淚，終於在芳川
迅速昇華為粲然的容顏

民國九十年八月十六日在芳川

招魂通常不是喜事，或是一種不得已之事，本來是「痛切的淚」，為何在芳川會迅速昇華成粲然的容顏？芳川在何處？芳川定有感動詩人的故事。另一首〈一切的峰頂〉。

驚天迅雷動盪著久蟄一切峰頂的雨層雲
兀然絕塵於千仞絕崖之巔未被命名的花
以其絕美的姿穎然縱身直奔瀚海的激流

民國九十年八月十九日在知書旁

這一日，詩人在書房寫了這首詩，這天不是什麼特別日子。詩人從書房窗口望出，只見單純的雲、花，乃在雲和花之上加十六字形容詞副詞，設想成激流，這是詩人把玩中國字詞的功力。賞讀〈中秋〉。

喧嘩的狂雲勁雨與泥流，已靜息如昨
如昨的月光，靜靜棲息在芳川的燈檯
直到曉星轉眼沉落，猶有獨醒的燈火

民國九十年十月一日在臺北

狂雲、勁雨、泥流，暗示這年的中秋，這南蠻小島的不安，幸好已暫時安靜。但安靜不表示清醒，詩人所看到的是一片沈睡的情境，只有詩人獨醒。賞讀〈子夜在臺灣大學賞月季〉。

盛開的月季，在文學院群樹聯袂的一隅
江山有待的呈展著六朝風韻，六朝風韻
在水紗細紡的裙裾，襬動著琴瑟的主題

民國九十年十月二十二日在臺北

身為革命軍人的我，會在臺灣大學退伍（休）是個意外。我總結對臺大的印象，這裡是我明心見性的道場、這裡是造反的聖地、是革命的基地，安身立命的地方。

但，這一天，詩人來到臺大文學院，所感受到的是六朝風韻。何謂「六朝風韻」？據聞，是藝術的解放，解放和造反有什麼區別？

黃光曙

活在當下

蒼鷹飛過澄澈的曠野
落紅肆意解釋著道路
空谷中迷失的暴風雨
正化為激蕩信仰的污流

讓該來的來，讓該去的去
仰望蒼天，活在當下
燕子依然呢喃于檐下暖巢
蜜蜂依然嚶嚶于陽光家園

松鼠在寂靜中皈于冥想
陽光醉舞在醇厚的森林

立足當下，去菜園採擷果蔬
拖著泥鞋，給親人送去祝福

讀起來覺得很通爽的作品，人應該向大自然學習，向蜜蜂、松鼠、燕子看齊，學習牠們「活在當下」。牠們是否感覺自己活在當下，人不知道，這是詩人的比喻和給人的開示：凡事不強求，讓該來的來，該去的去，一切都隨順因緣，順乎自然！賞讀〈游魂之歌〉。

高樓大廈迷茫了鋼筋石林
青梅竹馬惶惑于杳然存在
真相魔魘于新聞的向度
成為反向指標透支著暗夜

晝夜不息的城市追光炫耀著
旋轉木馬在輪盤演繹的內傷

廣場陰影下，證人集體失語

啞然于狼群的華爾姿典禮
長明燈被攪亂的叩問，冥想
顯影于城市這饑渴的挖掘

存在是迷津中惶然的追問
既是繁華，也是荒蕪

空房子忍受著風的自由
浪蕩不安地占領歲月高地
他鄉之思纏繞著現實之路
總在車水馬龍中突圍

鄉愁，像一枚巨大的封印
被偷天換日地蓋棺論定

〈游魂之歌〉，人類迷失在都會的集體失落，乃至集體大規模的求生和沈淪的悲喜劇。看全世界無數大都會，那些最邪惡、最可怕、最黑暗、最墮落，最可憐，乃至最大犯罪集團，都在大都會裡，以都會為犯罪溫床和壯大組織的基地。

反之，最大的企業、公司等也在大都會成就大事業，所以現代都市是集光明與黑暗於一體，溶真善美和假醜惡於一爐。而人，如都會之游魂，在其中覓食生滅，故都市如一座自然叢林，生滅於無常中。

都會也好，眾生也罷，「**既是繁華，也是荒蕪**」。當生命茂盛時，景像繁華，生命消逝瞬間荒蕪。是故，繁華本是一時因緣和合，因緣消失便荒蕪散滅。所以《金剛經》才說：「一切有為法，如夢幻泡影，如露亦如電，應作如是觀。」

彥一狐

瞬　念

一整夜
我都在一本書的黑色碼頭
等待一條船
一邊做夢一邊醒來

黯啞、呼吸
靠著一種微生的力量
從四面八方飄來虛擬的詞語
保持膠著狀

一個人入定
傾聽遠古的雨聲，正在灌頂
一閃而過的
是光。而非雷鳴

岩壁上久坐
漸次嵌入遠古的浸潤和風化
偶爾地，站了起來
挫骨揚灰

草船上
只有隱形之盾

時間的箭，耽于形而上
射程是一個閃念

二〇一六年四月五日于狐義軒

瞬念，是一瞬間的起心動念，要把這瞬念組織成一首詩，就不是瞬間的事。如果這瞬念像是靈感的出現，詩人須要有時間捕捉住靈感，進而建立結構，組成一首詩，都不是瞬念！

就這首詩，詩人想要表達什麼？一整夜，詩人不可能一整夜不睡覺，光為寫這首詩。所以「一整夜」是詩語言，只是這一夜想起很多事，人在夢與醒的交替間，許多事難以理解和說明。只能說說詩吧！賞讀〈情人——紀念那個叫虹的詩人〉。

品過那一杯酒
你說：我曾經以為你是那個虹
我背過臉去，射出眼睛裡的冰淩花
斜插在一座孤墳之上

其實，奈何橋上
我已經走了三遭。死亡與驚恐
當我和他背靠背站在一起時
誰是一世的情人

如果你不能確定
光與影存在于無限之中
十字架上的悲憫。如何取下那頂虛擬的桂冠
擁抱芸芸眾生

二〇一六年元月五日于狐義軒

彥一狐，大陸民間詩刊《濕地》和《行走》主編，他以第一人稱寫「**其實，奈何橋上／我已經走了三遭……**」，想必是真實，不是「詩語言」，才有如此慨嘆！在這生死交關才會質問誰是一世情人？

世間的情人都是暫時的，沒有一世的情人，甚至只有極短暫的時間維持著情人關係，很快會由各種因素就散滅了。

詹澈

遠行——敬悼陳映眞兄

走在往泰源監獄的山路上，你淡淡的説：
那只是一次遠行，暫宿的牢房
就在第二排向左算第三間。你站在山坡上
農宅邊檳榔樹下，用左手指向斷崖邊的建築
哪！就是那間，原以為出不來了……

而這次遠行，來不及握手，已是永別
海峽的夜霧，仍然籠罩在那條山路上
鈴瑠花的聲音，若隱若現
尚能聽見詩一般的語言在小説裡波動
鞭子似的評論抽打著時代的脊背

提燈照向青年茫然的前方
彷徨與吶喊，野草與山路
魯迅的基因在思想的土地裡發芽，竄動
棄醫從文與投筆從戎，在讀書會討論
走在唯心向唯物的路上，卻已走進牢獄——

尚能看見現代的阿Q，套上和服又披上西裝
於後冷戰的秋天，從忠孝公園走向二二八公園
在總督府的陰影下，轉型
向獨立站在遠方陷阱裡的虛擬銅像舉手敬禮
華盛頓大樓的晨鐘敲響了，伊仍昂頭偏執

不用擔心，唱完國際歌唱安息歌；
「安息吧，別再為你的祖國擔憂」
你所擔憂與期待的，你應已看見了
所以安心的走吧，朋友們都清楚的
看見這二十一世紀的初春了

從那個十年的牢房走出來，在人間奔波，終至窮病
在北方的冬季，又陷入自己身體的牢房
另一個十年，沈思或冥想；歷史沒有終結
福山也改言。後冷戰的鎖鏈從第一島鏈解鎖
二百年來綑綁中國的纜繩已然鬆綁

這纜繩既已鬆綁，你吐了一口氣
終於，也從肉體羈絆的纜繩中解脫
你聽見了；「別再為你的祖國擔憂」
一帶一路與亞投行，空污改善名列前矛
世界最快的電腦，最大的太空望遠鏡

產量最高品質最優的雜交水稻，南水北調
文學與醫學已廣受肯定，儒學與法學並行

禮贊詩人詹澈，能為老友陳映真寫出這麼真誠而感人的送行紀念詩，彰顯陳映真

一生所思所做、為國家民族無怨無悔的奉獻。就是奮鬥到最後一口氣，仍牽掛著祖國的各項建設與發展。當然，也羨慕陳映真有詹澈這樣的朋友，應也含笑九泉！

魯迅，中國的「現代孔子」。他早年留學倭人國，初選擇習醫，心想可以救人。有一次倭人國教官放一段教學影片，內容是日俄戰爭時，倭軍抓到中國百姓要行刑砍頭，四週看熱鬧的也是中國百姓，個個表情冷漠。魯迅看到這一幕，痛苦極了，因為他看到（悟）中國民族魂沒了！他當下棄醫學文，欲以文學醫人魂救國魂，魯迅真的做到了。他了悟，醫生只能救幾個沒有靈魂的中國人，文學家可以救國家民族的靈魂。

詹澈詩中提到「魯迅基因」這個典故，用來引述陳映真的人生路。我對陳映真了解不多，他可能就是向魯迅學習，棄醫從文，他要救台灣，但台灣沒救了，能救台灣只有一條路：統一。捨統一，別路都是死路！

據我對中國歷史、國際戰略的了解，習近平的一帶一路應是吾國萬里長城之後，最偉大的大戰略工程。長城是守勢戰略工程，一帶一路則攻守一體，足以突破西方的地緣包圍，進而使二千年中國「陸國」思維，轉型成「海陸」雙棲的世界強國。時間可以證明我的判斷，十五年內！

第六篇《乾坤》詩刊

《乾坤》詩刊，一九九七年元月由劉炳彝（藍雲）創辦。筆者手上是第90期（二〇一九年四月出刊），該刊是現代詩和傳統詩詞的綜合刊本，在島內詩壇為一大特色。以90期為準，其同仁組織如下：

創辦人：劉炳彝（藍雲）
社　長：龔華
副社長：徐世澤、林茵
總編輯：葉莎
副總編輯：陳素英（墨韻）
現代詩責編：季閒、曾念
社務委員：丁文智、大蒙、陳素英、姚啟甲、陳碧雲、吳東晟、蔡忠修、葉莎、蕓朵、靈歌、宋熹、曾念、季閒、劉曉頤、卡夫、曾美玲、劉枝蓮、林茵、王婷、郭至卿、王紅林、劉梅玉。

顧問：瘂弦、周伯乃、林煥彰、林正三、顏崑陽、陳文華、方明、須文蔚

本篇欣賞葉莎、林煥彰、靈歌、曾念、吳東晟、王婷、徐世澤、王紅林、曾美玲、劉梅玉等作品。

葉　莎

燈籠六識

遠方有婦人
拍打河流又將河扭乾
將一襲藍衫晾在竹竿上

次日衣衫上有魚
輕輕擺鰭隨風游動
偶爾隱入裙襬之中

長長河堤栽滿月橘
你聞聞這香，七里
最宜自在吸氣胸腔佔滿

燈籠無舌不須言語
高高掛在花香最濃處
風動花香動

門關，搖一下
門開，搖一下
心
不再此亦不再彼

這首詩於二〇一八年十一月十日，由林煥彰主持，在胡思二手書店（公館店）有個討論會，與談人有：陳家帶、孟樊、靈歌、季閒、王紅林、劉曉頤。全部與談記錄可詳見《乾坤》詩刊90期，〈多重解讀之典範〉一文，第一一〇到一一七頁。

詩（不論傳統詩或現代詩），本來就是歧義語言，不能只有一種解讀（少有例外），只有學術論文是一種解讀（不能歧義）。所以六個與談人解讀這首詩，各有一些不同的理解，我比較贊同孟樊和靈歌的解讀。

只有一句，「**心／不再此亦不再彼**」。詩人故意不用「在」，而用「再」，我的看法是詩人在強調《金剛經》「無住生心」思想，心不住於此，亦不住於彼，心不執著在任何地方。

心既然「無住」，怎會有性愛暗示？豈不矛盾。我認為「應無所住生其心」是菩薩的境界，詩人期許自己修行有那樣境界；但畢竟，詩人乃是一個「活生生、有血肉」的有情女子，一介凡人，當然就有人的需要和欲望！

林煥彰

消失的木馬

生鏽的，一片片剝落
再生鏽的，都成了塵埃
再更早以前的，
已記不得了！

童年是很可惡的，他絕不肯承認
曾經認識過我，更不願說
他在我身上騎過，
我們一起跑遍了
鄉村的每個角落！

2018.06.22/20:18 研究苑

一切都會成為過去，很快的一切也會成為塵埃，包含童年，都一去不回，所以「可惡」。詩人故意倒著說，木馬騎過童年的他，實際是他騎過的木馬，如今木馬「翻臉不認人」，因為一切已成塵埃了。賞讀另一首〈青銅戰馬〉。

在歷史博物館裡
年代久遠的一匹戰馬
我沒有懷疑牠

青銅器時代的疆場
塵土飛揚
一匹青銅戰馬
牠仍靜靜凝視著
彷彿那場戰爭
與牠無關

的確歷史已經久遠
時間已經不是牠的
牠的也已經不再是牠的

一切都屬於歷史

2018.06.22/19:39 研究苑

詩創作完成，刊出後即成歷史資料，今天發生的新聞明日亦成歷史。你的童年，青春、壯年也已是歷史，每個消逝的時間都是歷史，一日和千年無異，都是歷史。

放在博物館裡的青銅戰馬，時間也許過了幾千年，但牠根本不知道過了多久，因為牠只是一匹銅馬。詩人要說的是最後的結論，一切都屬於歷史，包含你我他和牠它等，無有例外！

靈歌

出口

沒日沒夜的挖掘
鋪設，再挖掘
我身體裡
密不可分的巷道

古老公寓的梯間
釋放出，雙目血絲的獸
髮如牆角亂草
時間不說謊話

覓食為了飢餓
飢餓為了掏空
掏空為了便於挖掘
再鋪設
沒有出口的陷阱
再挖掘
殘餘的鼻息
漸漸消音的呼號

整排街燈
因你離去而熄滅
歸人雙眼布滿血絲
孤獨而飢餓
飢餓的夜
方向是多餘的
牆總是隨機移動

牆上的破洞是陷阱
也是塗鴉偽裝的出口

全世界的詩人作家，古往今來都在寫，寫一輩子，到底有什麼好寫？有什麼東西可以寫那麼久？永遠寫不完。簡言之，不外「出口和進口」，用文學語言說叫「物我交融」，用哲學語言稱「主客交會」。

主觀的「我」，有很多愛恨情仇欲望理想等，潛藏在內心深處，個個都想要「衝出口」，不吐不快。於是，非寫不可，不寫會死，這就有了言志、抒情論之說，許多的作品就一一「出口」了！

客觀世界裡，除自身以外，放眼望去，社會動亂、戰爭、人際鬥法、毒萊豬、台獨偽政權、沈淪的民主、黑暗政黨……一切的一切，都在刺激詩人作家。能不提筆伐之，將這些「進口」轉化消融成詩章，看能否使亂臣賊子懼？

曾念

我的肉，圓嗎？

爸爸，我叫您這一聲
陌生嗎

您還記得何時開始
以我的肉為圓心
展開暴風的半徑
描一個您心中理想的圓

有酒無酒都忘情
忘了我是您的骨肉親生
鐵棒在手，順著您的心
棒棒地連成無懈可擊的圓

這個圓
忘了曾是您的心頭肉吧
其實，加不加辣
我們骨肉之間
一生難圓

後記：前些日子，社會發生不幸的肉圓不加辣事，令人深感痛心，絕難想像那父親狠心的樣子。故站在他兒子的角度為詩一首，希望有機會念給他聽，盼其知錯能改，能用一生努力去彌補，即使骨肉之間早已難圓。

何謂「肉圓不加辣事件？」問古哥說：一個父親因為滿肉圓不加辣，竟狠打老婆孩子，行徑離譜，這已不是第一次家暴，警方乃介入處理。這應是二〇一九年的新聞，詳情不得而知，很快成歷史，這是呆丸郎的惡習！

事實上，這個鬼地方在台獨偽政權惡搞，倫理早已蕩然不存，禮義廉恥死光光，男無義女無情，社會動亂暴力高漲。很可能快成為「不適人居」之惡魔島。

詩人好心，寫詩期待暴力者「知錯能改」，我看是白做工了。不過尋找詩題，練習寫一首詩，並有機會發表，至少對自己而言，小有一些成就感。

吳東晟

臧克家（一九〇五——二〇〇四），原名臧瑗望，山東諸城縣臧家莊人，中國著名詩人。一九三三年出版第一本詩集《烙印》。後來出版詩集多部，如《罪惡的黑手》、《運河》、《十年詩選》等。

一九五七年一月《詩刊》創刊，他出任主編，〈壯士心〉、〈從軍行——送珙弟上前線〉是他著名的詩。在《乾坤》90期，吳東晟有詩〈三代——戲擬臧克家〈三代〉〉，筆者沒有去挖臧克家的三代，賞讀其一〈和〉。

孩子
在格子裡學習

爸爸
在格子裡工作

爺爺
在格子裡收藏

假設從一九五〇年代到現在二〇二一年代，已有三代人，這詩明顯是第一代。那年代人皆窮（貨幣少），但是有規矩的社會，不論是誰都活在「格子」裡，有形無形的框框，一切都中規中矩。賞讀其二〈疊〉。

孩子
在貨幣下生長
爸爸
在貨幣下勞動
爸爸
在貨幣下離開

到了第二代，經濟發展起飛了，人民有錢了，孩子活在錢堆裡，大人們也拼命賺錢，買車買房。而老一輩的人，也快到前往西方的時刻。其三〈再疊〉。

孩子
在網路上登錄
爸爸
在網路上登錄

爺爺
在網路上登錄

這說得就是現代社會吧！但這不止是臧克家的三代，這是大陸和台灣的三代，也是世界的三代。不知道四代、五代是怎樣？也許人不用吃飯了！

王　婷

滿初的相聚

春天你同誰來
天使之鈴不羈的香氣
還是老宅的微笑
一群飛燕吊起檐間的歲月

時間輕輕地搖著 Latte
纖細靈魂從杯緣滑落
一種熟悉的閃光翻閱著昨天

我們任由狂放的心事和空靈
融合為一體由腳根延燒到雙耳
長髮隨簸穀的風勢飄起
飛躍或歌唱如草原上赤足的淑女

圓月來訪
星星熠熠合奏夜鶯頌
那是我們的夢
滿滿的熱情和初衷

詩記一段因緣，「滿初的相聚」，應該是滿意的，從一開始「**春天你同誰來**」。之後，雙方的心事「**融合爲一體……**」，明顯的性愛暗示，最後是滿滿的熱情和初衷，功德圓滿的相聚！

徐世澤

飛翔

夏秋之交
三隻乳燕想向北飛翔
急欲振翅，卻張不開翅膀
張開翅膀，卻不知往哪裡飛翔
突然領悟樹林多的地方
由天母向北飛竟然發現
青山就是北飛的正確方向

一週後，我在陽明涼亭避雨
竟看到三隻燕子
活躍在樑柱上
瑒到牠們在呢喃的叫

像我在天母見到的模樣
我向牠們多看了幾眼
牠們的呢喃叫聲更響亮

很真實又像虛構，若真實也太巧了！是否就是原來那三隻乳燕；若虛構，詩人似乎也很認真。但燕子知不知道往哪裡飛？詩人不知道，牠會知道。

就詩論詩，這是一首平常而成功的詩，用淺白的語言。「踢」到牠們的呢喃，則是神來一腳，感覺很溫馨，人和動物交流極佳！

王紅林

忘　了

更多的時候我是忙碌的
有時很幸運
凌晨出門的時候會有星星和月亮
晚上回家的時候也有星星和月亮

我們就這樣天各一方
遙遠彼此的芳華

有時是雨
時暖時寒的雨
讓我想起還有季節
一些濕的日子
痛了我的呼吸

那些在枝頭上
不肯離去的滯留
漸漸成為昨日
成為黃昏

偶爾空閒的時候
我會看著自己
發呆

生活就是這樣，上班、下班、回家，不要想太多，不要去造反或革命，也不要搞政治，就可以過著「像人」的生活，平安單純。

把該忘的都忘了，心中不要留太多事，甚至達到「無住生心」的境界。留些時間給自己，「**偶爾空閒的時候／我會看著自己／發呆**」。幸福啊！不得不說王紅林詩人真會過日子。賞讀〈不想醒〉。

我的冬日太長
遙望的，渴望的，追尋的
要允許它們墜入零下
以結冰的模樣
問候不醒的夢

梅花開了，在遠方
櫻花開了，在咫尺
我被自己的影子
搖盪在有海的日子裡

恍若昨日，恍若今時，恍若明天

你站在那個轉角處
說我是瘋子
我只想一杯咖啡的溫度
陽光來不來
干我何事

好一個「**陽光來不來／干我何事**」，陽光要來自會來，它不來誰也不能強求它來，因此干卿何事。正是所謂「天要下雨，娘要嫁人，隨他！」隨順因緣過日子，才能身心靈都自在！

「不想醒」，是不想太清醒，你太清醒看台灣這鬼地方，台獨偽政權把呆丸郎洗腦成「痴呆島」，任由台獨政客胡搞。這個島在沈淪！這裡的島民已退化成「類人」，詩人太清醒只有兩種下場：發瘋或跳太平洋。

曾美玲

元宵點燈前的西門町午後

台北燈節今晚點燈
結束詩的聚會
提著一袋詩意與一顆童心
把眼睛擦得亮晶晶

主燈豬造型很機器人
今晚他是夢想的主角
正準備大顯身手
照亮宇宙
米老鼠永遠是兒童的麻吉
等燈一亮

笑容會在孩子們的臉上開花
也會在大人們的心裡，復活

遊客比燈籠還擁擠
舞台前早已擺上許多張椅子
虔誠邀請
你我他
來自四面八方的寂寞

而今晚，我們將短暫相會
於燈花綻放的瞬間
或許，相視一笑
再各自踏上
你的我的他的
黑夜的旅程

二〇一九年二月十六日

詩寫元宵節的熱鬧與歡樂，但歡樂只屬於小朋友，大人的歡樂由小朋友的「帶動」下，才有機會「復活」。難道人在長大「社會化」之後，那真正的純真歡樂就「死」了嗎？而死了的東西真可「復活」嗎？

大人的快樂是否復活？不得而知，但「**相視一笑／再各自踏上／你的我的他的／黑夜的旅程**」。黑夜的旅程有二義，元宵散會仍是很晚的深夜，再者每個成人的旅程都如黑夜，人生旅程一片黑！

大人就不快樂嗎？很多「快樂、幸福指數」很高的國家，不論大人小孩都是快樂的。所以，像台灣這裡地方，台獨偽政權這群「妖、鬼、魔」撕裂了台灣社會，變成同性戀島、愛滋病島、魔鬼島，人民會快樂才怪！

劉梅玉

一片安靜的刺青

經歷過遠方的船
擱淺在肌膚上

超載的紀錄滲下皮下
留下深藍波紋

動脈色的錨，拋入
他三月的血液裡
無聲的墨沿著針眼
在闃寂身軀上定居下來

圖騰表情是溺水的
向皮膚底層丟出的救生圈
始終閒置在那裡
他的昨日一直沒有上岸

把一片刺青寫得這麼神奇，這就是詩人的本事，無限的想像力，誇飾、擴張，刺青成為一艘船，航行或停泊在如海的皮膚。而血管流動，也許成了長江黃河！

刺青是很難清除掉的，所以也等於永遠「泊」在身體上，「**始終閒置在那裡／他的昨日一直沒有上岸**」。好像時間靜止不走了！賞讀〈聚乙烯的藍〉。

吞下的海是致命的
部開胃裡的文明
那裡誤食許多
塑膠的寓言

長度小於五公釐的悲傷
滲入微塑膠時代
許多物種輕易沉沒
在淡漠的便利裡

大面積的海洋被誤解
全新的存在與荒謬
充滿末日碎屑
他們的藍無法分解
而塑化的愛還在持續

自從人類製造出「塑膠」這神物（不到百年），至今全人類之食衣住行育樂一切，已和塑膠結了不可分割的緣份。現在地球上任何地方，海陸極地，充滿塑膠微粒。

塑膠微粒已進入所有生物體內，導致很多生物致病、變種，乃至絕種。對人類傷害很大，科學家警告，將使女人不孕，男人無精，人類難道也正邁向絕種的半路上嗎？

第七篇《人間魚》詩社

這是我這輩子所見，印刷編訂最豪華、最精美、最貴氣、最艷麗的詩刊，可能也是全中國之最。原來是台北市政府文化局出版贊助，有政府大把銀子揮灑下去，東西總不能像民間詩人自辦那樣「酸」！

有政府預算支持，必有偉大的使命宗旨。按《台灣人間魚詩社文創協會》的廣告宣傳，該社以推廣現代詩、文學和藝術創作，以現代詩為主體，詩文創作為核心，豐富社會心靈，提升文化認同……

《人間魚》是季刊，筆者手上是二〇二一年十月（秋季刊）。按本期之社務組織主要如下：

發行人：許麗玲　　社　長：綠　蒂

總編輯：黃　觀　　副社長：石秀淨名

ＦＢ編輯：冷嵐、圓圓熊、尚玉婷、蕭嫚、紀雙雙、流雨、蕭靈、楚狂、日晃、林家淇、施傑原

社務顧問：落蒂、孟樊、陳克華、張嘉驊（也駝）、楊惠南（楊風）、劉正偉、田原

攝影：郭瀅瀅。餘均從略

本篇選郭瀅瀅、冷嵐、石秀淨名、日晁、流雨、蕭靈，六家作品欣賞。

郭瀅瀅

郭瀅瀅是誰？我並未刻意去挖出她，本期有不少她的攝影詩，針對影像寫下詩文，表達對人、生命的感受，也是對影像的回應。她的作品好像現代詩和散文詩的合體，或許也是創新，欣賞幾首，〈夢色〉。

他豎起渾厚的身子與萬物交談。
他聆聽萬物、萬物也聆聽他。
而他一向獨自，出現在她的夢裡，像被以特寫鏡頭推進眼前的葉子，脈紋清晰，包含那因為老化、病弱、蟲的寄宿而生的裂縫。

色澤有它自己的細節與漸層。有它的原因。
深綠色的，就不會是螢光綠，桃色的就不會是淡粉紅
他唯一的叛逆是在自身肅穆的深綠裡，長出了太
過青春的桃色，在棉似的細毛上。

它細節以外的景物，則在她的鏡頭裡休息。
而時間，就在葉上的裂縫與身後的失焦裡走過。
愛情也是。

這是郭瀅瀅的〈夢色〉一詩，讀起來比較像「夢囈」，因為各段之間沒有明顯的結構接連，要刻意去連接也仍可以。除前兩行可以解讀，易於理解，其他如謎語。賞讀另一首〈他們正起飛〉。

她漲潮的時候，他退潮。
她前進的時候，他正往後退。
她輕的時候，他重。

生命在他們的情境交錯裡，對反出一個和諧而能滾動的圓。
不只航向彼此，他們乾脆一同起飛。
他已在岸上佇立了太久，為了帶著她頭一次起飛，他要再次起飛。
而他們很渺小，要任由天候的安排。在那無法得知，卻早已被畫好長度的時間軸線裡，他們祈禱，能在那相去不遠的節點上，一起降落。
在無人知曉的夜裡。

這首比較有明顯的情節，結構上也較有連接性，他和她的故事，甚至是一首情詩，他們的情節還圓滿。第一段兩人的一進一退，可以解釋他們進退是雙人舞，甚至做好，配合的天衣無縫！

接下來，滾動的圓、航向彼此、一同起飛、一起降落，都表示二人有心同行，相親相愛。而「一**起降落**、**在無人知曉的夜裡**」，有很多相像，包含性愛暗示！

冷嵐

千金難買

想買下
年少莽撞的代價，將之裱框高掛
賞識因過早社會化，喪失的勇敢

想買下
莎士比亞的文采風流
解放羞澀的口舌
瀟灑散播，讓人心花怒放的人緣

想買下
物以類聚的朋友
一起寫下有感覺的文

一同唱起有感覺的歌
好讓，有默契的眼神交會
取代
總回想不出的內容，社交寒暄

想買下
孤魂野鬼般的夢
素描出靈魂的真實
好讓無人認領，無處寄託的心願
澆灌出一朵奇異之花
令瞠目結舌的眾人
忘了語言

千金難買之物都是寶貝，或人生中最珍貴的價值，別說千金，更是無價。例如，智慧、因緣、童真、文采、知音、紅粉知己、夢想（理想），乃至相知相愛的情人（不是那種一夜情或小三之流）。

但余以為，這些人生中最珍貴的價值，雖千金難買，萬金亦難換得，只要自己有心追求，用一顆真誠的心，經之營之，還是可以有所得。

智慧，從經驗中提煉、昇華，須要時間修行。

因緣，不是等待，須要一點主動，必能結好因緣。

童真，永保一顆純真的心，減少欲望。

文采，這要長期培養寫作能力，經之營之。

知音難有，但物以類聚的朋友不難，人一生中經歷過的同學、同事、同道，何止成千上百。好好主動去「過濾、觀察、選擇」，找出十個以內「志同道合」者不難，這是真好友；不要太多，若有人說他有成千上萬朋友，就表示他沒有一個好友。

石秀淨名

大見解

一根羽毛
隨風飄蕩，脫離了
自由意志，脫離了某個身體

是老鷹的，一根羽毛
當女人是一隻鳥，當大人物
是一片
飄蕩落葉，從存在的
（不可見的空無）

曠野寂靜到死，無，頂立
（不可見的動力）彎曲
或者伸張的一顆樹，暗了
下來

黑色黑光，白色白光，灰色
灰光，霞色霞光，所有色所有光

死亡淹沒，身體
死亡分離，所有的信念
死亡泯滅，最後一口氣

一根羽毛，靜靜飄流，眼下
（不可見）
生滅是脫落
來處的去處，化為元素，化為測不準
的量子
當女人是一隻鳥，當飛越再飛越，當

大人物的世界
被檢驗的人生
不會因為一片落葉
飄搖
從存在的空無，摧毀，一棵樹
颯颯，摧毀
摧毀誰
摧毀誰的種子
內在永恒升起的春天

翻頁，風來翻葉
所有的時間之書所有
宇宙從何而來？宇宙，死霍金
旋轉他的輪椅，曾經
（曾經以他，漸凍的，合成音）

二〇二一年七月七的石秀淨名
（人間魚詩社副社長）

從一根羽毛，還是老鷹的，到論宇宙，還罵了「死霍金」，果然是「大見解」。為何罵死霍金（幸好他死了聽不到）？因為他太偉大，又預測地球在二百年內會毀滅。也幸好，到那時筆者和現在眾多詩人早已到了西方極樂世界享清福！

但〈大見解〉在說什麼？似乎在探索生死的奧秘，「死亡淹沒、死亡分離、死亡泯滅」，眾生都遲早必死，為什麼還要活著？這是詩人在叩問嗎？任誰也不能給誰一個「正確」的答案。關於生死，永遠沒有正確答案！

楊修問司馬懿：「現在死和二十年後死有什麼差別？」。更早的三千前，阿基里斯

（木馬屠城的指揮官）問一個女人：「現在死和五十年後死有什麼差別？」

永遠沒有答案，說有差別是大差別，說無別差是無差別；如詩人說「**生滅是脫落／來處的去處，化爲元素，化爲測不準／的量子**」。一切都不可測，測不準，只是如量子的活動。

所以，一根羽毛、一棵樹、一個女人、一隻鳥，都是測不準的，都是暫時的存在，暫時叫鳥，暫時叫女人。等到因緣散滅，鳥已非鳥，女人亦非女人，這是詩人所要述說的嗎？

日冕

論及微小的事

一

日光漸垂，正午過後天氣
便迅速衰老，關於回憶我們總是
在此刻思考漂浮
一些灰塵的隱喻，隱約看見
妳回頭後又離去，以細微
無聲之腳步

而午後有我沉沒的輪廓，感嘆
時間柔軟如同妳回歸去向往
最後一次擁抱裡。在水中
後來再也沒有任何指引
也或離去，再次確認自己
傷痕丟棄於芒草堆，也或
在失望的決定間，妳離去

可以離去的芒草地帶
多次懷疑，分歧
與幻影在分割的芒草裡
多次回頭確認愛

二

已經沒有任何確信，這是愛與傷口
未能觸及。沒有任何嚮往

排序在認知與認知之後
和諧而未曾確認的聚合
不斷詢問塵埃的
問題，夢見你多次眼淚
落在痛楚的草原

天氣終於衰退成一滴
細微的雨，我們之間的文明
開始氾濫成海洋
漂浮再次，再次是
歸屬的傳遞，擁有
悲傷的波形，如此輕盈

所有思念洄游
輕盈的海洋，魚群聚集
有孤島的文明，在
醒睡之間的唇齒

輕啓，許多聲音與隱喻
指涉妳的哭聲，終於我明白
記憶與往常的辨識裡
我還在這，等你

「論及微小的事」，這個詩題很自由，文可以任意揮灑，不論寫什麼都不會離題，所以詩人訂這詩題，等同〈無題〉。再者，何謂「微小的事?」又何謂「大事」，也是一種「絕對主觀」的事。

例如，「九一一事件」、美軍逃出阿富汗，對許多人包含筆者而言，是「微小的事」，媽媽生病了才是大事。現在時代又變了，台獨偽政權搞同婚、搞通姦無罪化，乃至廢除各級學校的禮義廉恥，許多新一代年輕人已被毒化洗腦，同婚遊行才是大事，媽媽生病已退居小事！

看看日晃這首〈論及微小的事〉，有什麼小事?第一節有三個小段，大概在回憶一段感情。「**最後一次擁抱裡。在水中／後來再也沒有……妳離去**」。在水中有做愛的暗示，分離了！把自己的傷痕丟棄在芒草堆，這是「小事」，才不會傷心太久！

第二節也有三個小段，大約也是回憶一些往事，都頗為感傷。「**問題，夢見你多次眼淚／落在痛楚的草原**」，接著一再出現海洋、魚。唇齒輕啟等，都有性愛暗示。總之，刻骨銘心的回憶，離不開「愛」或「性」！

有個年輕人問老和尚：「王力宏都離婚了，是不是世上再也沒有愛情？」老和尚手指空中一隻飛鳥、不語。年輕人會意說：「我懂了！有愛情，但隨時會飛去！」

老和尚說：「非也，我意，人家離婚關你鳥事！」啊！把一切事看淡、放下！人生才會自在；含生死，來了就來了！走了就走了！

流雨

可是城市

我曾經抵達似是夏日
浸泡在角落的孤獨
天灰了，默然想著
這樣與那樣的每一個早晨
木棧道上迷醉的對著每一滴露水笑
天濕了，誰曉得如此溽熱的天候

我們曾經過上一群
背著吉他的青年，他們陽燦的笑裡
充斥狂野的夢與淒與堅持
我無法確認我是否知道
我們的堅持，是否骨架完整
立意偉然，或者
漂泊在天濕了柏油路面上一灘晃動的死水
誰知曉夢在每一堂輔導課上宏大，煙滅
筆記一場我們知道時間，空間
六千五百萬年前恐龍絕跡
四十五億年後我們存在意義也將絕跡……
你也是博學的，在城市裡
博學著知的憂患與傷

在這座水之於水一方的城
淚是所有的氣候
……

天累了，整個故事就這樣在
沉鬱的美好放歌
已經沒有可是呢，或許
在我快步行走時
離去的每一吋角落，都是
城市豔痛的痕

〈可是城市〉有些長（詳見《人間魚》二〇二一秋季刊（一三四到一三五頁）。詩有六節，但節與節之間好像沒什麼連接，很多意象和形像，顯得有些散亂，唯一可以共同涵蓋的就是城市。

詩人透過人們在現代城市的求生景像，以及城市內一切光明和黑暗，探索人存在的意義或生命的價值與奧秘等。現代城市到底是「腐朽的文明」或現代文明？詩人一再質疑，「**可是城市，我們必須出走**」。遠離腐朽吧！

一切存在的，終將滅亡。「**四十五億年後我們存在意義也將絕跡⋯⋯**」。到那時，地球壽終正寢，詩人你我他都無意義，四大文明都絕跡，列國也都無意義。到那時，誰來證明地球曾經存在過？誰證明你我曾寫過詩？？？

蕭　靈

血祭誕生的血族

她曾經誕生在普通的農莊
或許會嫁給一位青年
過著可能是幸福的日子
應該是有點單調
也沒有時間去思考如何規劃
未來的人生
（少到她只來得及猜測自己）
會什麼時候，會畫上最隆重的一次妝）
大概是出自於這個地方的無知

本來只會是一種傳說
在獵巫和驅魔人的時代

她的想法是睿智的
她沒有被聲音和恐懼奪走了
腦袋，雖然多少是有點
但是更傾向於一種錯覺
有時會看著一臉錯愕
被推上火堆的病人發呆
天色越來越黑了
（可以看到母親正嚴肅的呼喚
小孩子回家睡覺）
在時能像這樣在街上走著
……

她曾經誕生在普通的農莊
或許會嫁給一位青年
過著還算是普通的日子
還生了幾個孩子，像她年輕時
看到的一樣，一臉嚴肅的呼喚

孩子，天越來越黑了

漫長的一生讓她有點難以思考
和規劃，直至虛無

這詩有些長，可詳見《人間魚》二〇二一秋季刊，第一三九頁。寫一個女人的一生，這女子好像是某一傳統部落之一員，所以必須遵從部落文化過一輩子，女人沒有太多思考的機會和空間。她的一生，就是長大、嫁人、生孩子、當母親，最後老死。

人類文明文化從萬年前至今，從活人獻祭到現代文明。仍有很多例外，如詩中「被推上火堆的病人」，難道用火燒（或烤）可以治病？可能是部落的傳統醫方吧！

但她，對古老的部落治病方法，仍是質疑的，因為她多少還有睿智的腦袋。質疑歸質疑，她無力改變什麼！她還是當一個普通女人吧！

第八篇《笠》詩刊

《笠》詩刊創刊於一九六四年，是台灣地區的老牌詩社團體。一般認為《笠》的成員比較傾向鄉土意識高漲，即所謂「台灣意識」。莫渝在《笠》詩刊三〇四期，有一篇文章談《笠》的立場（核心價值），提到「在地、現實、抵抗」三個核心意涵。這裡面有很多灰色地帶，而有些很清楚，他用「日治」，我用「日竊」。

《笠》詩刊同仁，各時期不同，以三三三期（二〇一九年十月號）為準。

發行人：黃騰輝　　　社長：陳坤崙
主　編：李昌憲
社務委員：林鷺、莫渝、陳明克、蔡榮勇、利玉芳、謝碧修
編輯委員：陳明克、林鷺、吳俊賢、蔡榮勇、林偉雄、陳秀珍、楊淇竹

本篇欣賞李昌憲、林鷺、陳明克、蔡榮勇、莫渝、利玉芳、吳俊賢、林偉雄、陳

秀珍等各家作嚐。

本篇引詩人作品，皆在《笠》詩刊三〇四、三二〇、三三三期內，不另加註。

李昌憲

人生茶席

人生茶席
要趁熱品飲
好茶淡淡香

莫要等到
茶涼
人散
成為奠茶

人生恰是茶席

來
去
只一席茶時間

好詩，有高度、深度的好詩，對人有警示作用的詩，並有高僧向眾生開示的力道。「來／去／只一席茶時間」，啊！人生如白駒過隙，而且可以多層次解讀，每一種解讀都有豐富的內涵，詩評可以寫成一篇論文的體重，好詩！賞讀另一首〈咖啡香〉。

磨碎咖啡豆
香氣飄逸
最宜自己手沖
萃取單品

心隨咖啡香動
奇妙的味蕾
馳騁在23度半
南回與北回歸線間

喝下一杯咖啡的早晨
餘韻
讓全身細胞
蓄勢待發

讓許多人成癮
讓許多人愉悅
誘惑全世界
啊！咖啡香

「咖啡不如茶」，但二者大約已瓜分了全球人口，不喝咖啡必喝茶，不喝茶必喝咖啡。或二種都要，如詩人和筆者，只有在喝咖啡和茶的時候，不談立場！

比較李昌憲這兩首詩，還是茶好，茶有深度，所以，他大概比較常喝茶，體驗較深。畢竟，茶是東方的！甚至是中國的！

林　鷺

不要談政治

選舉到了
你們千萬不要談政治
他們紛紛跳上神壇
聲稱自己
才是不世出的真神
你們都是
等待被解救的凡人
這無關政治
儘管顧好自己的肚子
天塌下來
有神願意替你頂著
這世界

沒有先知
也缺少起碼的門徒
街上到處都是稱職的
追隨者
我們仍然活在一個
還沒有
失去自由的世界
儘管拿著
你效忠的旗幟
到處揮舞
選舉就快到了
你們千萬不要談政治

詩人一再開示，「你們千萬不要談政治」，為什麼？這就是台獨偽政權搞出來的台灣社會現狀。要是談了政治，朋友、同學、同事、親人、家人……都瞬間成了仇人、家庭、團體立刻成為戰場，鬥爭、分裂，夫妻反目，父母子女也成了仇人，這是現在的台灣！

再放眼看看全世界，凡是搞「民主政治」的國家，都把民主、人權當鬥爭工具。於是國家撕裂、社會分裂、家庭親人朋友決裂。啊！民主政治是人類的災難，真善美的終結者！

為什麼變成這樣？詩人是否深入思索原因？自從李登輝搞「去中國化」，至今三十年了！人都被洗腦。我們明明是道地的炎黃子孫中國人，明明就是中華民族，為何現在說不出口，這裡才是根本原因！賞讀一首〈牆的呼喚〉。

隔絕了什麼？
暗示了什麼？
掩飾了什麼？
我不過是一面單純的牆
無論如何
阻止不了你們的想像

你們看了看我
就斷定我的內心一片冷漠
我畢竟不是一面鏡子
無法照映你們複雜的心情

日日夜夜
我聽來來往往的腳步聲
分立自己
在兩個絕然不同的世界

來吧！
來把我變成一塊畫布
來彩繪這內在荒涼的世界
變我成一片抒情的風景

林鷺這兩首詩，可視為對「西方民主政治制度」的批判。諸君深思之，撕裂、隔絕如何形成？不就是被視為神話的「政黨政治」！被視為當然的「民主選舉」。每一次選舉，就是一次撕裂、隔絕，最終是人民的苦難！放眼全球，民主只帶來戰爭、動亂和人民的苦難！

未來救台灣、救世界，必是「中國式民主政治」，經由中國式管理，才是社會和諧之道，人民幸福之路。

陳明克

剁

走進人群要穿過廣場
去百貨大樓一層一層逛
天堂般明亮的玻璃櫥
然後在潔白的餐桌布切牛排

人群雜亂喧嘩
我走走停停
這裡曾是市場裡一排豬肉攤
高跟鞋敲打地面的聲音
越來越清楚　越來越多
好像一整排

刀子在砧板上
重重剁著鮮紅的豬肉

薄暮的天空雲霧變黑
漸漸下沉
我在人群中推擠
想逃開剁著肉砧的聲音
我焦躁地快步行走

我聽到我的腳步聲
剁著誰的身體？
烏雲中垂下高塔船的大樓

「剁、剁、剁」，一種潛意識裡恐怖的聲音，好像聽到恐怖推理小說鼻祖愛倫坡(Edgar Allan Poe, 1809~1849)小說，〈黑豬〉和〈告密的心〉也有「剁、剁、剁」的敲打聲。陳明克的〈剁〉，也刻意製造了恐怖氣氛！

除了聲音的恐怖感，也製造視覺的恐怖感，「**薄暮的天空雲霧變黑／漸漸下沉……**

烏雲中垂下高塔般的大樓」。詩也有蒼海桑田的警示，不久前的平房豬肉攤，突然成了高樓大廈。欣賞〈花之光〉。

幽暗的曠野中
飛散的花絮化成
模糊的人影？
我看不到前方

忽然有人叫喊
那人站上人堆成的舞台
說這地方
因他
成為樂

人瘋狂地跑向他
跪下等他踩踏
等他下令

往哪裡搶奪

我的腳邊
不知哪來的陽光
只照亮一朵
潔白小花

是她捧著花
站起來
微笑地望著我
花之光
照著我們腳前

我發現陳明克很善於製造某種詭異的氣氛，包含〈花之光〉，基本上就是批判「造神運動」，不論宗教或民主選舉，到處有造神運動。但「神」能誕生，不就是有大批沒頭沒腦的人，才把神「捧」出來。

但詩人是智者，不會蠢到參與造神運動，他有判斷力，所以陽光只照亮他。「**是她**

捧著花／站起來／微笑地望著我／花之光／照著我們腳前」。這個「她」是虛構的象徵，象徵詩人的智慧之光，如花之光！

蔡榮勇

茶農——致洪正立先生

坐上洪先生的小貨車
沿著水泥產業道路
往上爬
轉過來　再
轉過去
爬上最高點九百公尺
抵達他的台茶21茶園

遠方的山嶺像母親的乳房
守護著茶園

旁邊的檳榔樹保衛著茶園

茶園雜草比茶樹活力
為了保持他們活著的活力
不敢使用除草劑　請人
將雜草的活力剪短
讓台茶21能伸長脖子跟太陽對話

躲在茶樹底下的雜草
學會謙虛　跪著低頭
再低頭　用鐮刀剪短
祈求　日頭炎　雨水足
請求　老鷹幫忙吃蛇、老鼠……

坐上洪先生的小貨車
順著羊腸似的水泥產業道路
向下爬

　　轉過來　再
轉過去
沿著黑黑的柏油路
沿途跟高個子的檳榔樹
揮手道再見

下車進屋
趕緊喝一口紅茶嘗鮮
心底的汗珠淅瀝淅瀝
下個不停
含在嘴巴裡
萌生　感謝的回甘
收斂　在心肚裡

淺白而溫馨的作品，沒有很深的暗喻或跳接，所以就像白居易的詩，鄉巴佬也可以聽懂。尤其詩寫到茶農不用除草劑，用鐮刀除草，讓大家更安心喝茶。

「**遠方的山嶺像母親的乳房**」，這形容也叫人很有安全感，因為我等都是吃媽媽奶長大的。有些情景對都市人很新鮮，如叫老鷹幫忙吃蛇、老鼠，老鷹會聽話嗎？

莫渝

逐夢東方

一介四十三歲漳州中年居民
東方有夢，家眷勇渡黑水溝
行商滬尾。往東，落腳三貂

吳沙，巨型強磁石
被動擁戴，招攬漳泉新移民向南
砍林拓荒墾地
直抵溪北蛤仔難
阡陌良田新空氣的家園

墾人如家人
庶民領袖豪爽不囤富

利益共享且均霑

這一片新興土地就是鄉
新鄉比故鄉更多美夢
墓土換鄉土
六十八歲拓荒者抱夢笑歸

吳沙（一七三一——一七九八）。清代福建省漳州府漳浦縣人，乾隆三十八年渡海來台，後進入蛤仔難開拓，嘉慶三年病逝。他帶領漳、泉、粵三籍移民，開拓蘭陽平原蘭陽溪以北地區，是漢人開拓蘭陽平原之先行者。

要成為一個團體的「領袖」，必須「利益共享且均霑」，這是古今中外打天下不變的鐵則。蔡氏深悟此道，所以現在這小島之小天下是她的。反觀那小馬哥，連吳沙都不如，故成亡黨亡國之君。賞讀〈龍潭湖〉。

無需到中台灣
我們有自家北方的日月潭

何必比較
大埤湖、大陂湖
都比又是潭是湖來的好聽
更有人間味

光鮮名號背後
無龍的不潭不湖
盡是好笑？！
天光雲影掃過
鷗影留

莫渝一生深耕鄉土文學，著作等身，他與筆者曾是《華文現代詩》同仁（詳見第1篇），理念上雖有不同，仍是可敬的作家詩人。不論對《笠》或台灣這塊文學土壤，他都有很大的貢獻。

利玉芳

北回歸線緩緩的穿越濕地

北回歸線緩緩的……穿越嘉義
緩緩的穿越水上……穿越濕地

人類豈是瘋狂
天賦沒將牠們遺忘
在貧瘠的土地上
築起生物棲息的橋樑

鳥族於是飛翔
在紅樹林上
優雅地和白雲對話

潛逃的水族於是緩緩的游
緩緩的……游過北回歸線
緩緩的……游向熬鼓濕地

人類居住的地球，不論在哪一洲的哪裡，都已遭受到嚴重破壞。可以說陽光空氣水土壤都受到各種污染。因此，我們現在開始要保護濕地、森林等自然環境。但保護自然環境也很困難，因為仍受到黑暗的政治邪惡勢力阻擾。例如，寫本文時，台灣正舉行公投，是否保護「藻礁」？結果台獨偽政權動員惡勢力否定了。今天可以不保護藻礁，明天也可以不保護濕地！

吳俊賢

歹銅舊錫

沿街收破銅爛鐵的阿伯
總是吸引孩童前來
換取一枝枝麥芽糖
又甜又濃稠得化不開

童年往事

帶來麥芽糖的阿伯
是喜悅的天使
給我們許多歡樂
甜蜜的兒時回憶

只要聽到響板聲音
就知道喜悅天使降臨
帶來如瓊漿玉液的美食
滋潤我們飢渴的心靈

期待喜悅天使再來
回收當今的政治垃圾
帶來甜美幸福的美食
溫暖我們冰冷的心靈

真是平易近人的好詩，詩也配了黃啟洲兩幅生動的童年畫，感覺更讓人懷念。啊！那是詩人畫家的童年，也是我的童年，但那個時代回不去了！只剩感嘆！回憶！

本來只是童年回憶，第四段突然神來一筆，要回收破爛的阿伯再回來，回收當今政治垃圾，人民才有幸福日子好過。所謂「民主」，全是垃圾！賞讀〈普洱茶〉。

濃郁的相思與愛戀
在金剛蒲團
沈澱、醱酵了千年
成就無上　無價好茶
於滾燙生活煎熬
釋放出來

禪定了千劫
天上極品滋味
終於自金剛座上
墜落紅塵

一〇八年九月五日，寫於台北萬華
王老闆家品茶中。普洱茶茶餅如蒲團。

普洱茶餅圓圓一塊，據說有的真的「無價」，可以上拍賣市場。詩人把普洱茶上升到「神」的境界，也真是神來之筆，這就是詩人的本事，可以化腐朽為神奇。

但「**終於自金剛座上／墜落紅塵**」，最後若能再加一句「普渡眾生」，似乎更佳，不知詩人以為可好！

林偉雄

誰在搶灘

沿路走來
海洋吶喊的最高處
陸地呼喚的最下方

這　一片　海陸的中介地帶
是魚蝦蟹殼類我族的修練場所

終於

被淨化

回到天然之地

沿路走回　水族

沒有塑膠的鄰居

沒有保麗龍的朋友

沒有碎玻璃的伙伴

於是

再次回到

風、水、土及陽光的純粹

遠方尚未靠岸的那一批

非我族類
卻虎視眈眈
再次進攻

人類和大自然的爭戰，古已有之，但古人之爭有度，不會造成大破壞。人類對大自然造成大破壞，乃至科學家一再警告，將導致地球「第六次大滅絕」，提前加速並不可逆的發生，地球滅絕了！一切都完了！

但現代人與大自然爭奪土地，也有不得已之苦衷。試想，大約五十多年前（筆者初中時代），那時課本上說全球人口二十多億，現在（二〇二一年底）快八十億了。幾十年間多出數倍人口，要吃喝住行等，都要有土地，不爭怎麼生存，爭了又害死魚蝦蟹等眾生，乃至搞死地球，真是兩難。平衡點在何處？賞讀〈我在風景是風景〉。

停下
腳步

我走著彎彎的路
用自己的歌聲

唱一首詮釋世界的歌

走在廣闊的
平地上
我用
走著斜坡上的
舞步
走在彼岸

走向彼岸，Timur
我用部落的
角度
跨出四步
我在風景是風景

最近生病，常奔走於三總和榮總間，時而早出，時而晚歸。晨六、七點，看很多小朋友上學了，人間很有朝氣；八點前後是上班人潮，眾生爭名利或求生存；到上午十時前後，是我等老人家的世界，下午到晚上，風景也差不多！無論何時，這風景少了一人或幾人，風景依舊，不因你不在了，風景就不能「運作」。

人生在世，短短數十年，都只是所處風景中的一個小構件，你也是人家的風景。如何在這風景中，唱自己的歌，畫自己的人生，使自己的風景更美，這是詩人的心思！

陳秀珍

利馬第一印象

一出機場
天空就不給好臉色
一到旅館門前
就淋到雨

以為利馬像台北
下雨是常態
回到台北才知道
利馬只在五月

偶爾流印加的眼淚

印加的眼淚
輕輕拍打我臉頰
把我溶進初冬
利馬的世界

利馬天空留給我
錯誤

愛哭的第一印象
整個利馬一年所積淚水
不比一個碎心女眼淚多

從台北帶雨傘
我拿來反抗
印加的太陽

二〇一七年七月十三日

印加的眼淚，已經流了幾百年，仍在流，永遠流不盡，因為印加子民仍未覺醒。只能在貧窮、苦難中，持續流淚，直到有一天，印加子民團結推翻統治他們的白人土匪政權，把「秘魯國」改回「印加國」！

南美洲的印加大來國，到十六世紀時，阿塔瓦爾帕國王在位，國勢達到頂峰。不料歷史太詭異，一五三二年，西班牙的土匪首領法蘭中斯科・皮薩羅(**Francisco Pizarro, 1478-1541**)，率一百六十八個土匪帶著先進槍砲到印加（今秘魯）。

就在十一月十六日，星期六午後，將阿塔瓦爾帕及六千衛士騙到一個大廣場。一場持續大屠殺到黃昏，印加帝國亡於不清不楚……亡於阿塔瓦爾帕和他的臣民，不放棄太陽神，而改信基督教。

若挖出數百年來基督教在全球各洲的傳教發展史，只有一個發展定律，就是不改信基督教者，全部屠殺；而且是以基督上帝之名，不改信者，一律殺、殺、殺。因此，基督教本質上是帝國主義和資本家的先鋒隊，至今仍是！

第九篇《大海洋》詩雜誌

《大海洋》詩雜誌，創刊於民國六十四年，筆者手上是第一〇一期（民國一〇九年七月出刊）。經歷數十年，各時期同仁組成都不一樣，今以一〇一期為準，同仁組織如下：

創刊兼發行人：朱學恕
總編輯：藍海萍
榮譽社長：沙白
社長：張忠進
本期執行編輯：蔡清波
編委會：蔡清波、陳佳珍、朱學恕、蔡富澧、李優虎、朱力民、唐聖揚
大陸各省、海外代表：（略）

本篇賞讀藍海萍、沙白、張忠進、蔡清波、陳佳珍、蔡富澧、李優虎、朱學恕、唐聖揚，等各家作品。本篇引詩人作品，均在《大海洋》95、99、101三期內，不另加註釋。

藍海萍

那就是家

一種緣
將彼此的手牽連
我們聽見對方的心跳
分享悲傷與歡笑

一種味道
淡淡的
泥土混著稻草香

從童年打滾的記憶
飄泊到異鄉
千里塵埃後
落在夢裡　咀嚼
家的味道

一份熟悉
不必天長地久
只要用心　把握
冬雪裡
梅花的開落

一股暖流
自在來去　悠悠
是窗外的露滴
昨夜揪心的牽掛
太陽並非　有意收藏

只想　在春日
沏一壺冰心
淺酌　家的感覺

冬天遠去
不再聽見
冰塊撞擊的聲音
寧靜　被拴繫的錨
守著無悔　一輩子
閒時　笑看紅塵
夜裡　研讀經文
熒熒燈火處
悟　禪機
那　就是家

「**悟禪機**//**那就是家**」。這個「家」有很多意涵，人終其一生，都在找尋或追尋那個「家」，基本上禪機悟不悟都有個家。父母的家是家，自己獨立後成家的家，這些是所謂的「俗家」。

人的追尋是永無止境的，對有些人而言「俗家」是不滿足的，還要再追尋。我國元朝時宰相耶律楚材有詩曰：「從征萬里走風沙，南北東西總是家；落得胸中空索索，凝然心是白蓮花。」若一個人說，東西南北都是家，這到底有家或無家？這個境界似乎仍不夠！

吾國大宋時代有個沖邈禪師詩曰：「三界無家誰最親，十方惟有一空身；但隨雲水伴明月，到處名山是主人。」即然「三界無家」，世人拼命找「家」，豈不白做工乎！以上二例，前者是俗家境界，後者是出家境界。

藍海萍（那就是家），這個家是俗家的家，「家」本來就在，為何還要悟？若未悟，是否家就不存在？正是常言道：「有愛就是家，無愛就只是一個冰冷的房子。」確實如是，那麼「愛」是什麼？

如這首詩，一種緣、一種味道、一股暖流，家人都懂得這是一份前世註定的「緣份」，能心手相連珍惜著。則，這個家無論是多麼的「俗」，也必是最溫暖的家，不是嗎？

沙白

一隻自由統一的鳥

一隻自由統一的鳥
唱開人類自私封閉的心靈
啄倒硬厚的柏林圍牆
也將咬斷韓國的38度線
並銜接台灣海峽橋樑

一隻自由統一的鳥
自由——
飛越台灣海峽
飛越九龍車站
飛越澳門關閘
不要護照

不要檢查
飛越廣州
飛越西湖
飛越長江三峽
飛越黃河
飛越長城
飛越天安門
飛越黑龍江
在中國的天空上
自由飛翔

爾後
站在玉山上
站在泰山上
站在長白山上
站在喜馬拉雅山上
把自由的空氣舒放

爾後
在中國的土地上
自由棲息

再喚醒老子，煮茶閒談無為哲學
再敲響孔子的門，溫習論語
隨時和莊子的巨鵬共同一搏九萬里
並在地球上
高插「21世紀是中國的」鮮麗旗幟

這是「中國夢——全球中國化——人類命運共同體」之大戰略的詩意表達」。從近幾年來的觀察，我大中國在習近平領導下，無論政、軍、經、心，綜合國力的進展，尤其科技和軍事力量，都足以和西方美帝邪惡勢力抗衡。而在西太平洋第一島鏈內，中國已完全佔有優勢，美帝其實不敢和中國打全面戰爭。

反觀整個美帝為首的帝國主義，因民主政治的民粹化，人權和民主成為鬥爭工具，根本沒有真正人權和民主。加上資本主義已妖獸化，資本家控制了政客，政客控制政府。於是社會形成對立的兩極化，以美國為例，百分之三的大富豪，控制全國六成以上財富。這些西方民主國（白人），其社會撕裂、國家分裂，已走上不可逆之路。

綜合「中國夢」大戰略的推進和西方白人民主國之沈淪，台灣遲早必失「洋爸爸們靠山」。十年或十五年內，沙白這隻自由統一的鳥，就可以自由飛越台灣海峽，飛越長江黃河，爾後在中國任何土地上，自由棲息！

這不就是海內外所有中國人的夢，也是生長在台灣的中國人之夢。眼看著這夢已不是夢，因為你已可見可感的看到一步步在實現，中國夢向前推一步，西方妖獸心頭就痛一下，而台獨偽政權的妖女男魔和不男不女的人妖們，更是慌了！怕了！怕三更半夜大野狼來了！滅亡的時刻到了！

張忠進

失溫的魚

時間的長河裡
我孤寂地泅泳著
總無法上岸

望不盡的下游，下游在遠方
等你，等我
等著春天歸來

在佛經裡形容人是一隻少水魚，活在池中的魚，眼看著水一天天的少。暗示人們要愛惜光陰，把握當下好好努力，因為過一天水就少一些！時日越來越少！心慌啊！如這首詩的情境。賞讀〈送別〉。

料理店，很冷
叫來雙人火鍋
把情緒交集放進鍋裡
加熱、沸騰……

這是春天
候鳥即將北返
苦澀的蜜月
只剩兩條愁腸

半個地球
和整個太平洋
望著飛去的背影
才一揮手
雨怎麼突然就下了起來

送別總是感傷，而蜜月本是甜蜜的，怎會成為苦澀？原來一個她或他，是要飛去地球另一端。「**望著飛去的背影／才一揮手／雨怎麼突然就下了起來**」。不一定真下雨，暗示落淚或內心如潮之波流！感傷激動！賞讀〈春天要回來〉。

南方的雲愛戀北國的天空
帶著春天去旅行
向北，向楓，向雪的方向
逸去

這裡迅然進入了冬季

任寒流一波波襲擊
我的背脊

但，我是不屈服的
即便死亡，也只是
季節的循環

今夜，風從遙遠的北國來
説春天吵著要回來
雨也開始濛濛地下了
啊！南方的雲

人因有七情六欲，生命旅程成為一種追求之旅，打從我們懂事有所要，便開始追求一切。追求名、利、愛，追求夢想，好要更好，高要更高，財富越來越多，權力越來越大，名譽越來越高亮……

然而，這過程中，有很多是不能滿足的，失望與困局是人生旅程必然會碰上的情境。有些是突然的打擊，「**這裡迅然進入了冬季／任寒流一波波襲擊／我的背脊**」。幸好詩人樂觀，他知道春天總要回來。

這首詩也給人一些啟示，不要向環境屈服，不要一點不如意就要去跳太平洋；也不要畏懼死亡，就算有一天死亡真的找上門，也只是季節的循環，比喻生命是一種輪迴，死生如四季之來去。

只要活著再看到一個春天降臨，這人生便值得了！

蔡清波

爲冠狀病毒疫情祈願八帖

一、序言

八方風雨流蕩
內心猶如雷火相搏
激盪、憂恐
在這個世界串聯
生死別離乍現一刻

人心浮離
崩潰有如洪水氾濫
……

六、正本清源帖

人類揮霍大地自然資源
卻無慈悲之心
嗜食野味
換來潛藏禍心
貪嗔胡為
禍害纏身
正本清源忌野味
淨化人心
一口蘿蔔青菜
萬病不沾
……

八、終章

瘟疫是解不開的心鎖
人竟然注定必須孤獨
隔離卻是思考省視自我良機
我不再冷漠，我尋找溫暖
讓互信重回人間
讓關懷永遠是鼓勵
我們擁有洗心、靜心、清心
瘟疫就會遠離我們而去

八帖頗多的組詩，節錄之。世間無常，體現在人類世這二〇二一年最為明顯，憑空突然來個冠狀病毒，掀起全球的「第三次世界大戰」，而且已經造成數百萬人死亡。

到寫本文時（二〇二一年十二月三十日），美歐各國每日確診都十幾萬人，等於「全面失控」。西方各國政府已放棄控制疫情，任人民自生自滅，未來如何仍不確定。

這場空前的人類災難，也等於測試地球上各種政治制度的控制管理能力。已明顯證實，西方的民主政治制度已無力面對二十一世紀之大變局，只有「中國式管理」是這新世紀之顯學。

陳佳珍

傾聽海寫的經文

似無
是有

面對海洋
面對自己

與海共徘徊
傾聽海呼吸

滿足雙耳
忘卻自我

憶念過去
沈默亦然

在地平線浮動
在潛意識深處

煩惱留沙灘
海浪收殆盡

本我返航
超我飛翔

海的經文
海的呼吸

這是佛教所述之「無情說法」，佛教稱日月星辰。山河大地、草花植物、海洋島嶼等為「無情」，這些無情會對人類「講經說法」。就如這首詩，叫我們大家來傾聽大海寫的經文，現在大海不僅會「說法」，更會「寫經文」！這是真的嗎？

確是真的。「無情說法」，是指人們在大自然中，面對山河海洋所得之啟示、啟蒙、警惕、教訓、經驗等，並內化成自己的智慧。吾乃形容，這是無情說法，但能悟「無情說法」者，只是人類中少數智者，如這位叫陳佳珍的詩人。賞讀〈遺忘〉。

把煎好的魚
端出來享用
鼎仍在沸騰
燒焦的味道
告訴我遺忘了什麼

唯一不曾遺忘的是
鄉愁像魚不斷的煎
熬下旋成年輪
在門前那棵羅漢松
樹幹裡

只要一瓶馬祖陳高
一小碟花生
就有幹活的意志
用清潔劑刮去鼎上
那層厚黑
面對發亮的底
看見今早已發白的
鬍

「**只要一瓶馬祖陳高／一小碟花生……**」。立刻喚醒那些遺忘，憶起四十年前駐守馬祖五年和金門五年，冬天極冷，晚上六點就全島「關閉陣地」，絕大多時候，幾個好友只能在陣地裡，以酒和花生度過孤寂的長夜。啊！苦啊！那魔鬼島，如今成了觀光島！

如詩之遺忘，隨著年紀越長，遺忘越多，但有些是忘不了的，如鄉愁，那是人的「根」所以難忘。只是，一切都會過去！一切都遲早要遺忘！

蔡富澧

光影，以及一座面海的房子

經過，陽光在柵欄般的門上
雕出間格的花紋
風來敲扣
沒人回應，只有自己的回音
一堆枯葉

如果是淚，葉説
我早就濕透了長長的衣襟
不讓潮水天天漲了又落

落上了一把大鎖
怎又安了燈

想把滿滿的幸福關到幾時
如果聽到有人尋問
牆裡盛開的那朵紅花望向天邊
急說不干我的事

一些烈火燒過的陶
陪著釘在外牆壁畫上的水鳥和魚
日正當中時向新年冒幾個泡
以示不忘烈火焠鍊的身世
守候是一種表白

當天青樹綠把家屋推向
天邊，那就是
火和泥追逐一生尋找的
生命的安頓

一座面海的房子，住在這裡的人是不是很孤寂？無人來訪。「**風來敲扣／沒人回應，**

只有自己的回音／一堆枯葉」。也許這才是人生的本質，眾生都是千山獨行，沒有誰是例外。

就詩論詩，這首詩的意象有些零散，情節也似乎不夠連接。但可感覺到，詩人勇於迎接人生的烈火熬煉，透過這樣的昇華，找到人生安身立命之處。

朱學恕

海洋月色

一

中秋不能飛
思緒一片片
像卷雲舒展
有一盞小燈泡的光芒
又似那些被翻動的書
故鄉的故事
紛紛都伸出了頭來

有一些偷窺的格調
用一絲稀微的哭聲
款待著我

二

都曾相識過吧
刀切入海水中
日子像雪花般
飄落在草地上
齊物論六十年
來自大陸的我
夢蝶原是真實的來往
仍是如此地反覆著
很酸澀的味蕾

沒有刻意挖出朱學恕的背景，但相信他在國軍陣營的輩份很高，應也是一位可敬可佩的革命前輩。他又創辦《大海洋》詩雜誌社，寫了很多作品，可以說是一位文武全才之人。

他可能和海軍有深厚淵源，雜誌取「大海洋」為紀念。偶然翻到《大海洋》九十九期，朱學恕一篇〈海軍官校與我〉果然就是證據，他在海上生活三十二年，他的詩裡都是海。

「**刀切入海水中**」，應是引李白「抽刀斷水水更流」意象，船在海面航行，如刀切入海中，很難解釋這個意象，孤寂或無聊皆可？惟老前輩從大陸到台灣，如夢蝶般是真實的往來，真的是人生如夢！

李優虎

紫戀 2.0

我想寫自己，卻還是寫成了妳

午夜
將時間拿出來剪裁
浸泡青春，裸放胴體

涼拌思念，熱炒初吻
回憶也嵌入了

誓言
是用來釀酒的
飲了易醉
醒了易傷
我的愛，未曝光的底片
二十年來沖洗成了詩
我生命的海角序號
被月彎成了等待
與誓言共存

詩
雨成河流，海成泡沫
包裹著愛，混合心情

夜
有點苦，加妳為糖吧
將誓言也沖泡
原來，生命是用詩來簽證的
誓言也一樣
墓碑文也一樣

這是人生「戀」之進化版，從初戀到人生最後「生命之戀」的總結。初戀都是激情的，青春熱情，裸放胴體，炒熱初吻。這是人生最難忘的回憶。

隨著年歲增長，對愛的態度開始不單純，在醉與傷之間過了二十年。終於「海成泡沫」，海都成了泡沫，世間其他一切（包含愛），當然也成了泡沫。

總結人生，「**原來，生命是用詩來簽證的／誓言也一樣／墓碑文也一樣**」。當人生旅程結束，肉體化成一陣煙，有什麼可以證明你曾來過人間，想來只有詩了，詩仍在人間，證明你是詩人。

唐聖揚

蓋婭・重生

她散髮　狂奔
沿街呼告一個沒人關心的預言
她通知自己的病危
她已原諒了貪婪輕蔑的語氣
他不解
她只好些弱地排列因果　轉譯晦深的隱喻
而他仍不解

於是她說

人類啊　不想欠的都還了吧！
大雪焚城

病毒
奔襲於陸地與陸地之間
時間軸不斷擺盪
過往和未來始終糾纏
世界崩盤
靈魂洶湧四散

來不及呼吸的
重重一拳
正好擊中地球的肺
蓋婭啊
妳身後那座夕陽
似乎正在
裂變
裂變
裂
變

病毒是地球治癒自己的疫苗
而人類才是病毒

蓋婭（蓋亞）假說，由詹姆斯・洛夫洛克(James Lovelock)提出，乃說「地球整個表面，含所有生物，構成一個自我調節的生命體。」這和柏拉圖所述，地球是一生巨大的生物體，二者觀點類似。

但現在這個假說已被推翻，因為人類對地球毀滅性的大破壞，已導致地球失去「自我調節」能力。因此，許多科學家已警示「地球第六次大滅絕」提前加速來臨。

地球已不可逆的在裂變——裂變——裂——變——，而人類正是造成裂變的病毒。未來是悲觀的，原因之一是人口增加，原因二是「發展」（爭奪）不止，大滅絕必將來臨！

第十篇《台客》詩刊

這個詩刊作品的多元，超過《華文現代詩刊》。以我手上的第23期目錄有：名家、賞析、河洛、客語、華語、詩人對話、地誌、優選、青海詩人專輯、房間、這一代等各類型作品。以23期為準，其組織同仁如下：

發行人兼總編輯：劉正偉
社長：吳錡亮　　副社長：王寶興
社務顧問：林央敏、黃卓權、陳寧貴、莊華堂、張捷明、黃徙
法律顧問：曾耀德
執行主編：邱逸華　　副主編：曾耀德
編輯排版：洪錦坤
編輯群：吳錡亮、黃碧清、王寶興、艾琳娜、曾耀德、朱名慧、丁口

本篇欣賞劉正偉、邱逸華、曾耀德、洪錦坤、丁口、陳寧貴、吳錡亮作品。所引作品均在《台客》詩刊第17、23期和同仁詩選中，不另加註

劉正偉

明天

我將飛往，無垠的天空
那裡沒有水，石頭和玫瑰

在心的囚室裡，我是孤獨的
沒有朋友，沒有愛和對話

除了踱步，還是無的踱步
還有六面沒有窗户的牆

時間，突然強大起來

思考著漫無目的的思考
我只能輕輕地躺下來
傾聽，時間在心裡的顫動

如果一個人把自己「宅」起來，後果是什麼？就是詩人所警示的孤獨，沒有朋友，沒有愛和對話。這是詩人要向眾生開示吧！主動走出去，廣結善緣，時間強大！

這幾年來，我發現中青代詩人劉正偉，確實「強大起來」了，由他發起或主持的兩岸文學活動，說之不盡。再者，這幾年來，他可能已走遍了大陸各省。我判斷，他解放了！

邱逸華

約會電影

每一場戀愛都始於一個確認的吻……

那些年你們追過的女孩
從輔導級離開
吻得深的提升為限制級
淺啄的緣分則停格在
很乾的那一幕

雖然舌頭入詩或者伸進愛情
都容易讓劇本變得色情
（色情是好的但他們不說）
但這年頭演員只要假戲真作
就能把色情包裝成藝術

每一場戀愛都在一個確認的吻之後殺青……

吃了一半的舒芙蕾
嚼骨見髓的鴨翅
從來沒辜負

女主角那兩片性感柔軟的唇
男主角卻只桃花過度
在她頸間種下吻痕

這情節如此寫實
她們都哭了

現代社會雖然流行著不戀、不婚、不生的歪風，但畢竟這樣是大大的違反了自然法則，乃至違反老祖宗訂下的倫理。直白的說，更違反自己的本「性」，你的意識想要性一下，你在抵抗你自己，久了會生病。

因為如此，還是有不少人「順天道、行周公禮」，他們戀愛、結婚和生兒育女，過著「正常人」的生活。往高處想，他們解決少子化部份問題，他們使社會保持活力，使國家民族生生不息。他們因「性」，功德無量！

每一場戀愛，男女雙方是否成為男女朋友，「初吻」是必要的認證，這是一個「關卡」，現在和五十年前似乎仍是一樣。但能否修成正果，現在據聞變數很大，按可靠訊息，吻也吻了，床也上了！不出幾年還是拜拜了！現在時代真的變了！

曾耀德

金鐘響起

煙霧彈遮蔽不了
醜陋的野心
催淚彈掘開了
隱忍許多
潰堤的民主洪流

金鐘聲聲作響
全世界的耳朵都聽到了
百萬人民的怒吼

來吧
讓棍棒敲打在我的肉體

我願承受骨裂的痛苦
來吧
讓布袋彈劃過我的身體
我願忍受皮開的痛楚
只要你們還給我
唯一，僅有的自由

天秤傾斜了
在專制的水平上
我們永遠是
等待被捆綁的貨物
突然消失於故鄉

詩沒有寫這是什麼地方，但看詩題只是叫人想起金鐘獎頒獎典禮的熱鬧場面，主題和詩文似乎脫軌。但詩人總有叫人猜不到的心思，或意外之音，另有所指。

不看詩題，只看詩文。這樣的情境，潰堤的民主洪流，我第一個聯想到是今之台獨偽政權。自從台獨妖魔上台，島嶼之民主自由人權就死光光，全世界都看到了！

但詩人是多麼可佩可敬！他願意當一個犧牲者，當一個殉道者，承擔眾生的苦難。**「來吧／讓棍棒敲打在我的肉體／我願承受骨裂的痛苦／來吧……」**這已是一種宗教情的偉大。

除了台獨偽政權外，在美國最常發生這種情景。美帝拿著「民主、人權」工具，鬥爭所有不聽話的國家，他們則是種族歧視很嚴重的國家，不少黑人常「被消失」，還有對印第安人大屠殺，都是美國人不敢面對的「黑歷史」。美帝，一個現代可怕、邪惡的國家，被化妝成「民主典範」，真是人類史的最大騙局！

洪錦坤

訣　別

那年，您流下海湧的淚水
遠行，醃製愛的盟約
深陷沙漠，遙遠的 Sahara
巖酷的荒涼，岩刻歲月
依舊，風沙不了情

難道出現一個現代「史懷哲」嗎?要遠行前往非洲，獻給「沙哈拉」民族，不然為何要「訣別」。是啊!若妳男朋友要獻身非洲，妳會隨行或訣別?賞讀一首小品〈相思〉。

努力地搬運，潛在意識的種子
心甘情願種在心田上
有事沒事在心田上
撒上跟她心田沒關係的 feel
feeling 就不即不離的萌芽了

或許，這就叫心想事成吧!要讓一個女人動心，總會使出巧妙的手段，這可是五〇、六〇年代男人追女人的本事。現代年輕一代談戀愛，太直接、太粗魯，沒有我那時代的浪漫。賞讀〈輪迴轉世〉。

臭皮囊離家出走
腳步聲，隨影子失聯

穿透一切所見
生命一再誤闖陷阱

生命的輪迴到底有沒有？信之則有，不信則無。但，真實是生命一再輪迴，不因你不信而沒有。世間很多看不見又摸不到的事，都仍是存在的。

西方在《舊約》中承認生命輪迴的存在，到西元三世紀時，被認為不利基督傳教而刪除。此後《新約》沒有輪迴，一千多年來西方人也不知有輪迴，除著佛教傳播，現在很多人開始相信輪迴。

生命是隨「業」輪迴，故說「萬般帶不走、只有業相隨」。所以詩人說「生命一再誤闖陷阱」，這是「詩語言」！

丁　口

失序的口號

飄過天馬行空的想像

這世界為了財爭奪則寶
斷絕世外桃花園的渴望
新聞吸取斷面的情境
誰的人氣都不代表一種生活
圖騰挖去心靈最深的浮動
沒有一種夢可以猜測

推理自己的過去式的迷戀
失去回憶的日子
讓人可以杜絕眼淚的奔騰
別說英雄式的風浪
沒人理會傷口的榮譽

敬禮一種信仰
領袖有時虛偽的口號
人民的信任度漸漸失溫
歷史的今天，我們知道

時間在樹葉延伸哲學

我們被誰瓜分

當今世界，近百年來，全球領袖們都在為自己的子民製造動聽的口號。大小布希、苛林頓、毛澤東、蔣介石、朴謹惠、文在寅、馬英九、陳阿扁、拜登……口號總有幾分真實。但我所在的這個鬼地方，小島的領導空心菜，她的口號被拆穿後，竟百分百是騙人的，什麼民主、人權、環保等，都是騙局。因而在江湖上得到「一生都在騙的女人」名號，她的博士也是假的，論文是騙呆丸郎的，呆丸郎已被洗腦成「無腦人」，好騙！

相信〈失序的口號〉一詩，作者正是慨嘆今之台灣。「**新聞吸取斷面的情境……我們被誰瓜分**」。幸好，台灣尚有清醒的詩人，抗拒洗腦，留下詩的歷史證據。

丁口在《台客》詩刊十七期，另有〈撞牆的風〉和〈風的窗台〉，都是對台灣的現狀和迷失，有所深刻的批判。這樣的作品，讓人有反思、想像的空間。

陳寧貴

知了

一隻蟬不知怎麼飛進陽台，掉在地上飛不起來，我拾起拋向空中，牠吱一聲像是道謝飛去。想起詠蟬詩，有說高風亮節餐風飲露（其實飲樹汁）。虞世南詩云：「居高聲自遠，非是藉秋風」，這是我們常說的，玉蘭有風香三里，桂花無風十里香。又如李商隱：「本以高難飽，徒勞恨費聲」，暗諷懷才不遇……

我們什麼也沒說
而你們說知了知了
知了我們
喝西北風飲露水
活得多麼高潔啊
知了我們
能夠位居高位

人間的是是非非
被我們嘹亮的名聲
掩蓋了
知了我們
居高有何用
浪費嘶聲力竭
知了知了
你們多心了
我們什麼也沒說

詩人的本事超過孫悟空，老孫只會七十二變化，詩人根本就是千變萬化。寫山岳，自己化成山岳；寫大海，自己化成大海；寫一隻魚，自己化成魚……這首詩寫「知了」，自己化成一隻蟬，陳寧貴深悟此道。

站在知了立場說話，「居高有何用」，牠是一隻蟬，當然不知道。回到人的世界，居高用處可大了，大權在握，權力通錢力，又可斷人生死，呼風喚雨！

假設，讓詩人們去當部長或院長，相信十之八九會去居大位握大權，再也不寫詩了！這是人性，不是說「水往低處流，人往高處爬」嗎？

吳錡亮

苦楝情書

那些風華不過是如昨
夢與夢重疊思念的交集
月光又何必在我的窗櫺
窺覷冰釀粹取詩集

那些都是筆下蘸滿某人的影子
沉默經典字句和遺憾矯情的淚
今晚焚燒每一封還沒道盡
堅持的溫暖

那些爾後刻骨銘心再無法
對話給予海洋，風吹落花蕊

無法成為山的盟誓
就此深藏一息殘紅
苦楝，植入我的骨髓

寫於二〇〇一年婚後一個月，
塵封的信件被發現當夜焚燒。

有個人問上帝：「你創造的女人很溫柔，為什麼成為太太就兇巴巴？」上帝回答：「我創造的女人都溫柔如水，是你自己把她變成妻子，責任在你！」問者無言。

婚前把前女友的情書燒掉，這可能是不少男人做過的事。這表示多數男人知道女人成為老婆後很難纏，宜有心裡準備，燒了前女友情書少惹事！

陳福成著作全編總目

壹、兩岸關係

①決戰閏八月
②防衛大台灣
③解開兩岸十大弔詭
④大陸政策與兩岸關係

貳、國家安全

⑤國家安全與情治機關的弔詭
⑥國家安全與戰略關係
⑦國家安全論壇。

參、中國學四部曲

⑧中國歷代戰爭新詮
⑨中國近代黨派發展研究新詮
⑩中國政治思想新詮
⑪中國四大兵法家新詮：孫子、吳起、孫臏、孔明

肆、歷史、人類、文化、宗教、會黨

⑫神劍與屠刀
⑬中國神譜
⑭天帝教的中華文化意涵
⑮奴婢妾匪到革命家之路：復興廣播電台謝雪紅訪講錄
⑯洪門、青幫與哥老會研究

伍、詩〈現代詩、傳統詩〉、文學

⑰幻夢花開一江山
⑱赤縣行腳•神州心旅
⑲「外公」與「外婆」的詩
⑳尋找一座山
㉑春秋記實
㉒性情世界
㉓春秋詩選
㉔八方風雲性情世界
㉕古晟的誕生
㉖把腳印典藏在雲端
㉗從魯迅文學醫人魂救國魂說起
㉘六十後詩雜記詩集

陸、現代詩（詩人、詩社）研究

㉙三月詩會研究
㉚我們的春秋大業：三月詩會二十年別集
㉛中國當代平民詩人王學忠
㉜讀詩稗記
㉝嚴謹與浪漫之間
㉞一信詩學研究：解剖一隻九頭詩鵠
㉟囚徒
㊱胡爾泰現代詩臆說
㊲王學忠籲天詩錄

柒、春秋典型人物研究、遊記

㊳山西芮城劉焦智「鳳梅人」報研究
㊴在「鳳梅人」小橋上
㊵我所知道的孫大公

㊶為中華民族的生存發展進百書疏
㊷金秋六人行
㊸漸凍勇士陳宏

捌、小說、翻譯小說

㊹迷情・奇謀・輪迴、
㊺愛倫坡恐怖推理小說

玖、散文、論文、雜記、詩遊記、人生小品

㊻一個軍校生的台大閒情
㊼古道・秋風・瘦筆
㊽頓悟學習
㊾春秋正義
㊿公主與王子的夢幻、
(51)洄游的鮭魚
(52)男人和女人的情話真話
(53)台灣邊陲之美
(54)最自在的彩霞
(55)梁又平事件後

拾、回憶錄體

(56)五十不惑
(57)我的革命檔案
(58)台大教官興衰錄
(59)迷航記、
(60)最後一代書寫的身影
(61)我這輩子幹了什麼好事
(62)那些年我們是這樣寫情書的
(63)那些年我們是這樣談戀愛的
(64)台灣大學退休人員聯誼會第九屆理事長記實

拾壹、兵學、戰爭

(65)孫子實戰經驗研究
(66)第四波戰爭開山鼻祖賓拉登

拾貳、政治研究

(67)政治學方法論概說
(68)西洋政治思想史概述
(69)中國全民民主統一會北京行
(70)尋找理想國：中國式民主政治研究要綱

拾參、中國命運、喚醒國魂

(71)大浩劫後：日本 311 天譴說
日本問題的終極處理
(72)台大逸仙學會

拾肆、地方誌、地區研究

(73)台北公館台大地區考古・導覽
(74)台中開發史
(75)台北的前世今生
(76)台北公館地區開發史

拾伍、其他

(77)英文單字研究
(78)與君賞玩天地寬（文友評論）
(79)非常傳銷學
(80)新領導與管理實務

2015 年 9 月後新著

編號	書　　　名	出版社	出版時間	定價	字數(萬)	內容性質
81	一隻菜鳥的學佛初認識	文史哲	2015.09	460	12	學佛心得
82	海青青的天空	文史哲	2015.09	250	6	現代詩評
83	為播詩種與莊雲惠詩作初探	文史哲	2015.11	280	5	童詩、現代詩評
84	世界洪門歷史文化協會論壇	文史哲	2016.01	280	6	洪門活動紀錄
85	三搞統一：解剖共產黨、國民黨、民進黨怎樣搞統一	文史哲	2016.03	420	13	政治、統一
86	緣來艱辛非尋常－賞讀范揚松仿古體詩稿	文史哲	2016.04	400	9	詩、文學
87	大兵法家范蠡研究－商聖財神陶朱公傳奇	文史哲	2016.06	280	8	范蠡研究
88	典藏斷滅的文明：最後一代書寫身影的告別紀念	文史哲	2016.08	450	8	各種手稿
89	葉莎現代詩研究欣賞：靈山一朵花的美感	文史哲	2016.08	220	6	現代詩評
90	臺灣大學退休人員聯誼會第十屆理事長實記暨 2015～2016 重要事件簿	文史哲	2016.04	400	8	日記
91	我與當代中國大學圖書館的因緣	文史哲	2017.04	300	5	紀念狀
92	廣西參訪遊記（編著）	文史哲	2016.10	300	6	詩、遊記
93	中國鄉土詩人金土作品研究	文史哲	2017.12	420	11	文學研究
94	暇豫翻翻《揚子江》詩刊：蟾蜍山麓讀書瑣記	文史哲	2018.02	320	7	文學研究
95	我讀上海《海上詩刊》：中國歷史園林豫園詩話瑣記	文史哲	2018.03	320	6	文學研究
96	天帝教第二人間使命：上帝加持中國統一之努力	文史哲	2018.03	460	13	宗教
97	范蠡致富研究與學習：商聖財神之實務與操作	文史哲	2018.06	280	8	文學研究
98	光陰簡史：我的影像回憶錄現代詩集	文史哲	2018.07	360	6	詩、文學
99	光陰考古學：失落圖像考古現代詩集	文史哲	2018.08	460	7	詩、文學
100	鄭雅文現代詩之佛法衍繹	文史哲	2018.08	240	6	文學研究
101	林錫嘉現代詩賞析	文史哲	2018.08	420	10	文學研究
102	現代田園詩人許其正作品研析	文史哲	2018.08	520	12	文學研究
103	莫渝現代詩賞析	文史哲	2018.08	320	7	文學研究
104	陳寧貴現代詩研究	文史哲	2018.08	380	9	文學研究
105	曾美霞現代詩研析	文史哲	2018.08	360	7	文學研究
106	劉正偉現代詩賞析	文史哲	2018.08	400	9	文學研究
107	陳福成著作述評：他的寫作人生	文史哲	2018.08	420	9	文學研究
108	舉起文化使命的火把：彭正雄出版及交流一甲子	文史哲	2018.08	480	9	文學研究

109	我讀北京《黃埔》雜誌的筆記	文史哲	2018.10	400	9	文學研究
110	北京天津廊坊參訪紀實	文史哲	2019.12	420	8	遊記
111	觀自在綠蒂詩話：無住生詩的漂泊詩人	文史哲	2019.12	420	14	文學研究
112	中國詩歌墾拓者海青青：《牡丹園》和《中原歌壇》	文史哲	2020.06	580	6	詩、文學
113	走過這一世的證據：影像回顧現代詩集	文史哲	2020.06	580	6	詩、文學
114	這一是我們同路的證據：影像回顧現代詩題集	文史哲	2020.06	540	6	詩、文學
115	感動世界：感動三界故事詩集	文史哲	2020.06	360	4	詩、文學
116	印加最後的獨白：蟾蜍山萬盛草齋詩稿	文史哲	2020.06	400	5	詩、文學
117	台大遺境：失落圖像現代詩題集	文史哲	2020.09	580	6	詩、文學
118	中國鄉土詩人金土作品研究反響選集	文史哲	2020.10	360	4	詩、文學
119	夢幻泡影：金剛人生現代詩經	文史哲	2020.11	580	6	詩、文學
120	范蠡完勝三十六計：智謀之理論與全方位實務操作	文史哲	2020.11	880	39	戰略研究
121	我與當代中國大學圖書館的因緣（三）	文史哲	2021.01	580	6	詩、文學
122	這一世我們乘佛法行過神州大地：生身中國人的難得與光榮史詩	文史哲	2021.03	580	6	詩、文學
123	地瓜最後的獨白：陳福成長詩集	文史哲	2021.05	240	3	詩、文學
124	甘薯史記：陳福成超時空傳奇長詩劇	文史哲	2021.07	320	3	詩、文學
125	芋頭史記：陳福成科幻歷史傳奇長詩劇	文史哲	2021.08	350	3	詩、文學
126	這一世只做好一件事：為中華民族留下一筆文化公共財	文史哲	2021.09	380	6	人生記事
127	龍族魂：陳福成籲天錄詩集	文史哲	2021.09	380	6	詩、文學
128	歷史與真相	文史哲	2021.09	320	6	歷史反省
129	蔣毛最後的邂逅：陳福成中方夜譚春秋	文史哲	2021.10	300	6	科幻小說
130	大航海家鄭和：人類史上最早的慈航圖證	文史哲	2021.10	300	5	歷史
131	欣賞亞媺現代詩：懷念丁潁中國心	文史哲	2021.11	440	5	詩、文學
132	向明等八家詩讀後：被《食餘飲後集》電到	文史哲	2021.11	420	7	詩、文學
133	陳福成二〇二一年短詩集：躲進蓮藕孔洞內乘涼	文史哲	2021.12	380	3	詩、文學
134	中國新詩百年名家作品欣賞	文史哲	2022.01	460	8	新詩欣賞
135	流浪在神州邊陲的詩魂：台灣新詩人詩刊詩社	文史哲	2022.02	420	6	新詩欣賞

陳福成國防通識課程著編及其他作品

（各級學校教科書及其他）

編號	書　　　名	出版社	教育部審定
1	國家安全概論（大學院校用）	幼　獅	民國 86 年
2	國家安全概述（高中職、專科用）	幼　獅	民國 86 年
3	國家安全概論（台灣大學專用書）	台　大	（臺大不送審）
4	軍事研究（大專院校用）（註一）	全　華	民國 95 年
5	國防通識（第一冊、高中學生用）（註二）	龍　騰	民國 94 年課程要綱
6	國防通識（第二冊、高中學生用）	龍　騰	同
7	國防通識（第三冊、高中學生用）	龍　騰	同
8	國防通識（第四冊、高中學生用）	龍　騰	同
9	國防通識（第一冊、教師專用）	龍　騰	同
10	國防通識（第二冊、教師專用）	龍　騰	同
11	國防通識（第三冊、教師專用）	龍　騰	同
12	國防通識（第四冊、教師專用）	龍　騰	同

註一　羅慶生、許競任、廖德智、秦昱華、陳福成合著，《軍事戰史》（臺北：全華圖書股份有限公司，二〇〇八年）。

註二　《國防通識》，學生課本四冊，教師專用四冊。由陳福成、李文師、李景素、頊臺民、陳國慶合著，陳福成也負責擔任主編。八冊全由龍騰文化事業股份有限公司出版。